이 책의 목적은
영어로 말하는 두려움을 없애는 것입니다.

머리말

책의 구성/활용

발췌한 책

왜 영어로 말할 수 없을까?

백날 외워도 영어로 말할 수 없는 이유

초등학교부터 대학교까지 10년 넘게 공부해도 외국인을 만나면 말문이 막힙니다.

토익 900점을 맞아도, 영문법을 거의 완벽히 알아서 문법 문제를 다 맞히는데도, 영어단어 2만 2천개를 알아도, 영어회화는 안 되는 사람도 있습니다.

심지어 대학교 영어과 교수를 하면서도 영어회화는 못하는 분도 있습니다.

해석할 때와 말할 때는 완전히 다른 사고 과정을 거칩니다.

마치 축구를 보는 것과 하는 것이 다르듯, 소설을 읽는 것과 쓰는 것이 다르듯, 아무리 많이 공부했어도 말과 글로 영작해보지 않았다면 절대 영어로 말할 수 없습니다.

상당수의 외국인들은 한국인들보다 더 적은 시간 동안 영어를 공부합니다. 그럼에도 영어회화를 잘하는 이유는 한국인들보다 영어로 말해본 시간이 더 많기 때문입니다.

그리고 모국어가 확립된 초등학생 이상은 바로 영어식으로 사고할 수 없습니다. 먼저 문법을 '이해'하고, '쓸' 수 있어야 '말하기'도 됩니다. **쓰기를 빠르게 하면 말하기**와 같습니다.

영어책을 끝까지 못 보는 이유

새해 목표를 '영어공부'로 정하고 책을 사지만 매번 앞 20장 가량을 보고는 다시 그대로 책장에 꽂힙니다.

몇 년 뒤 용기내 새로운 책으로 재도전하지만 결과는 같습니다. 반복될수록 책만 쌓이고, 자괴감만 커지고, 자신의 의지박약만 탓할 뿐 영어 실력은 전혀 늘지 않습니다.

진짜 문제는 책이 잘못 만들어졌기 때문입니다. 이해하기 어려운 용어와 설명으로, 여러번 읽어도 영작을 하거나 문제를 풀 수 없습니다.

최소한 **책의 중간을 펼쳐도 이해할 수 있는** 책, 독자 입장에서 설명된 책을 골라야 합니다.

이해할 수 있는 수준과 말할 수 있는 수준은 다릅니다. 영어회화를 공부한다면 본인의 해석 실력보다 훨씬 쉬운 책을 골라야 합니다.

또는 문장이 재미 없는 소재로 되어 있어서 끝까지 못 보기도 합니다. 감정 이입을 할 수 없는 문장은 익히는데 오래 걸립니다.

스타워즈를 보면 I'm your father(악당이었던 다스베이더가 주인공의 아버지였던)를 잊지 못하듯, **맥락이 제공되는 문장**, 실제 많이 쓰는 어휘와 문장으로 익혀야 빠르게 익힐 수 있습니다.

알파벳별 발음

4회 이상 수록 28단어

차례

무료강의
bit.ly/3etd9h0

한국어와 영어의 차이: 강의 rb.gy/tjcjsx

외국인이 '밥 먹었니?'라고 물었을 때, '나는-집에서-밥을-먹는다'를 말하고 싶어서 'I(나는)-home(집에서)-rice(밥을)-eat(먹는다)'라고 합니다.

하지만 외국인은 나(I)를 먹는지 home(집)을 먹는지 rice(밥)을 먹는지 알 수 없습니다.

한국어에는 '조사(~는, ~를 등)'가 있지만 영어에는 조사가 없습니다(물론 전치사p.94가 있기는 합니다). 대신 조사가 자동으로 붙습니다.

첫 단어에는 '~가', 두 번째 단어에는 '~한다' 세 번째 단어에는 '~을'이 붙습니다. 위의 문장을 '누가-한다-무엇을' 순서로 나열하면 I(누가)-eat(한다)-rice(무엇을)가 됩니다. 이게 영어 문장구조의 70% 이상을 차지하며, 이 책에서는 '붉은색'으로 표시했습니다.

영어에서 두 번째로 많이 쓰는 문장구조는 be동사를 쓰는 구조로 I(누가)-am(상태/모습이다)-happy(어떤)입니다. 영어 문장의 20%가량을 차지하며, 책에서는 '푸른색'으로 표시했습니다.

이처럼 영어는 한국어와 달리 '구조'로 의미를 전달하기에 같은 '구조(문법)'에 따라 연습해야 그 문장을 응용해서 말할 수 있습니다.

이 책이 꼭 필요한 분

▼ 오랫동안 영어에 손을 놓은 20~30대가 어디서부터 영어를 해야될지 모를 때,

▼ 외국 자유 여행을 꿈꾸는 50~70대,

▼ <아빠표 영어 구구단>으로 자녀를 가르치려는데 기초가 부족한 30~40대,

▼ 친구들은 영어로 술술 말하는데, 본인은 영어를 읽기도 힘들어서 수업 시간이 두려운 10대.

모든 문장은 '한글 발음'이 적혀있어서 영어를 읽을 수 없어도 익힐 수 있습니다.

큰 글씨로 적혀 있어서 어르신들이 돋보기를 쓰지 않아도 보입니다.

영작에 앞서, 영어 어순의 한글로 작문하므로 처음 배우는 분들도 부담없이 익힐 수 있습니다.

문법용어를 최대한 순화해서('주어' 대신 '누가' 등) 쉽게 이해하고 써먹을 수 있습니다.

7일마다 '정리'를 넣어서 핵심을 반복하므로 기억에 더 많이 남습니다.

무료 영상강의(bit.ly/38sdjmb) 제공과 질문답변(miklish.com)으로 추가비용 없이 누구나 쉽게 배울 수 있습니다. 궁금한 점은 카카오톡 iminia나 iminia@naver.com으로 연락 주세요.

책의 구성/활용

머리말 · 발췌한 책

1일 1문법, 5문장, 4주 완성!

18~19쪽

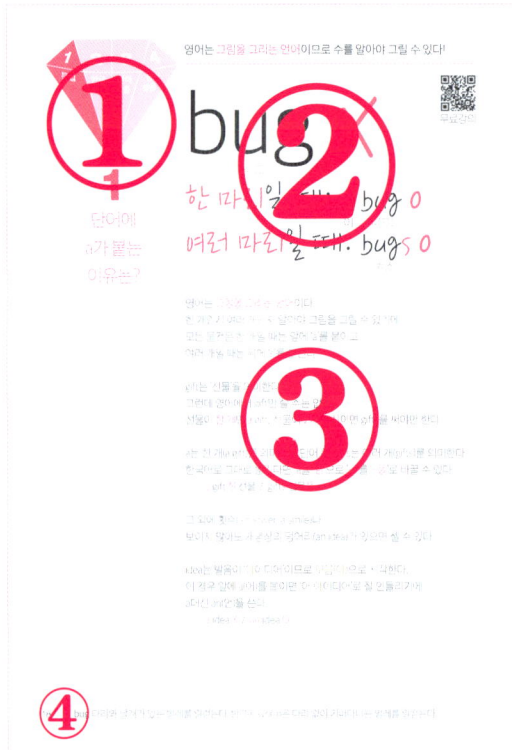

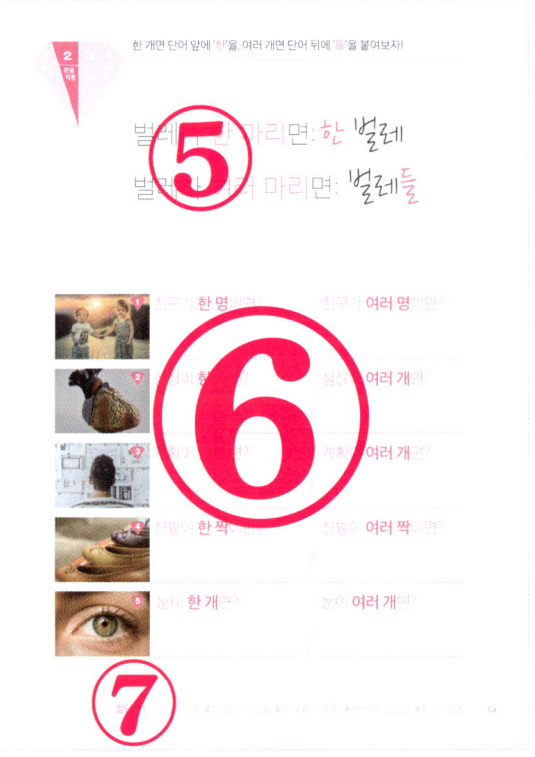

① 4단계(문법-한글작문-영어발음-영어작문)로 나눠져 있으며, 바로 아래에는 단원의 제목이 있습니다.

② 이 단원에서 가장 중요한 내용을 간략하게 보여줍니다. 휴대폰으로 오른쪽 상단의 QR코드에 접속하시면, 무료 강의로 더 편하게 공부할 수 있습니다.

③ 자세한 문법 설명입니다. 중요한 내용은 붉은색이나 파란색, 노란색으로 표시했습니다.

④ ②,③에서 중요하게 다루는 문장이나 단어를 설명합니다.

⑤ ⑥의 문제를 푸는 방법과 예시입니다.

⑥ 문제가 쉽다면, 쓰지 않고 말로만 한 뒤 넘어가도 좋습니다. 문제가 어렵다면 강의(bit.ly/38sdjmb)를 듣고 다시 도전해 보세요.

⑦ ⑥의 정답입니다.

QR코드 사용법

휴대폰의 카메라에서 사진을 촬영하듯 ← 왼쪽의 QR코드를 휴대폰 화면에 비추면 접속 가능한 배너가 뜹니다.

알파벳별 발음

4회 이상 수록 28단어

차례

무료강의
bit.ly/3etd9h0

20~21쪽

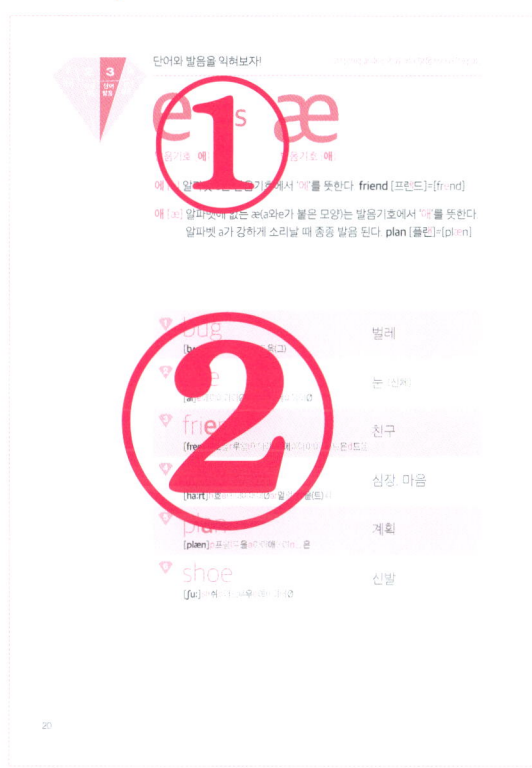

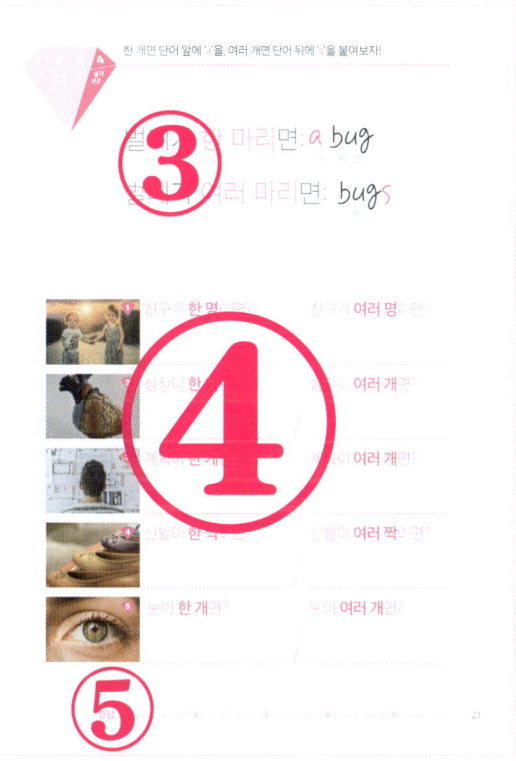

① 익혀야 할 단어 수가 많지 않고, 단원에 그 모음을 쓴 단어가 많으면 가끔 설명이 나옵니다(p.15).

② ④에서 영작할 때 필요한 단어입니다. 한 단어가 여러 뜻을 가질 때는 그 단원에 쓰인 뜻만 적거나, 가장 대표적인 뜻을 함께 적었습니다. 단어들은 영작하면서 자연스럽게 외워지니 외울 필요 없습니다. 1~2번 듣고 읽어서 정확한 발음을 알면 좋은데, 원어민이 읽어주는 것은 bit.ly/38sdjmb에서 들으실 수 있습니다. 강세가 붙는 경우 '로 표시했습니다.

③ ④의 문제를 푸는 방법과 예시입니다.

④ 앞서 한글로 연습한 같은 문장을 영어로 연습합니다. 1~3번 문장은 각 칸에 구조에 대한 힌트가 있고, 4~5번 문장은 힌트가 없습니다. 어렵다면 강의를 꼭 들으세요. 그리고 글로 써서 문제를 푼 뒤에는 꼭 한글 문장만 보고 영어로 말해 보세요. 수록된 문장의 수가 부족하다면 p.8~9를 참고하여 수준에 맞는 책을 이 책과 함께 공부합니다.

⑤ ④의 정답입니다.

머리말 책의 구성/활용 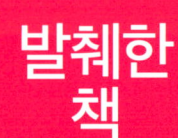 **발췌한 책**

문장을 더 익히고 싶다면!

입문1 알파벳을 읽기 어려운 분

아빠표 영어 구구단+파닉스

2년간 딸을 가르치며 집필한 홈스쿨링 영어!
부모님과 함께 **하루 10분, 1년 완성**!
중학교 졸업까지 영어걱정 끝!
무료강의 제공, 세이펜 지원.
5~12세 대상.
총 13종 (12권+파닉스 카드)

*이제라도 만난 게
너무 다행이다 싶었어요. - hyeona10***

*초등 2학년이 1년쯤 집에서 아빠표 영어를 익히고,
근처 어학원에서 테스트를 했어요. 어디서 배웠길래
레벨이 중학생 수준이냐고 하시더라고요. - 010 6536 ****

8문장으로 끝내는 유럽여행 영어회화

유럽여행 에세이를 읽으면
자동으로 익혀지는 여행 영어!
한글 발음표기, 20여 가지 부록으로,
영어를 읽지 못해도 **배낭여행 가능!**
무료강의 제공!

나도 모르는 사이 배워지는 책ㅋ - jihyun07**

이 책만 있으면 여행준비 끝. - shake**

*이 책은 좀 달랐습니다.
화장실 가는 시간 빼고 거의 한큐에 다 읽었어요!
비행기 안에서 2시간 만에 익힌 8가지 패턴이
많은 도움이 됐습니다. - hnd20***

입문2 알파벳을 읽기 어려운 분

2시간에 끝내는 한글영어 발음천사

한글만 알면 누구나 익힐 수 있는
영어 읽는 법!
4시간의 무료강의 제공!
원어민 음성 CD 제공!
한정특가 7500원!

*내가 어릴 때 만났으면 얼마나 좋았을지..
어쩜, 이렇게 쉽게 쏙쏙 머릿속에
들어오게 설명을 해주는 건지. - woow***

*어르신을 위해 고른 책이었는데
정말 적합한 책이라고 생각합니다.
배우시는 입장에서도 굉장히 만족하십니다. - 임하**

참고

<단단 기초 영어공부 혼자하기>는 입문2~초급에 해당합니다.
각 책에서 쉬운 문장 위주로 이 책(단단~)에 수록했습니다.

본문에서 각 책의 제목은 약어로 표시했습니다.

- 유럽 8문장으로 끝내는 유럽여행 영어회화
- 미드1 8시간에 끝내는 기초영어 미드천사: 왕초보 패턴
- 미드2 8시간에 끝내는 기초영어 미드천사: 기초회화 패턴
- 생활1 6시간에 끝내는 생활영어 회화천사: 5형식/준동사
- 생활2 6시간에 끝내는 생활영어 회화천사: 전치사/접속사
- 명언 영어명언 만년 다이어리
- 영화1 4시간에 끝내는 영화영작: 기본패턴
- 영화2 4시간에 끝내는 영화영작: 응용패턴

알파벳별 발음

4회 이상 수록 28단어

차례

무료강의
bit.ly/3etd9h0

초급 초등학교~중학교 2학년 수준

8시간에 끝내는 기초영어 미드천사

60대 할머니와 함께하는
수십만 원 상당의 영어회화 무료강의!
원어민의 일상회화 90% 해결하는
1004 어휘 중심의 미드 명문장!

*초3 아들과 몇 개월 같이 했는데
영어 학원에 다녀본 적도 없는데
승급을 두 번이나 했습니다~~
강추라 둘째도 적용 예정입니다 감사합니다^^*
- 77bvm**

6시간에 끝내는 생활영어 회화천사

1문장을 알면 생활영어 17문장이 따라온다!
해석이 아닌, **말할 때의 사고방식을 적용**한
신개념 영어회화 문법패턴!
무료강의 제공!

*마이클리시의 책을 만나고
나는 과감히 2년간 수강했던
유명한 영어인강을 끊을 수 있었다. - tr****

*그동안 수많은 영어책을 구매해서
실패했습니다. 2회독 이후로 영작하고
사전을 찾게 되고 저한테는 영어를
흥미 있게 만든 교재입니다. - 운***

중급 중학교 3학년~고등학교 2학년 수준

영어명언 만년 다이어리
<개정판: 신호등 영작 200>

수백 권의 책과 4천 개의 명언에서 엄선한
365개의 영어명언!
매주 다른 주제의 문법패턴으로
따라만 써도 영어 실력 향상!
작심삼일이 사라진다!

*영어공부를 하기 위해 별도의
시간을 내기는 힘들지만
영어 공부를 놓치고 싶지 않은
사람들에게 아주 매력적인 책 - lhj***

4시간에 끝내는 영화영작

쓰기가 되면 말하기도 된다!
**평점 9.0 영화
명대사**로 익히는 영작문!
영화의 맥락 안에서
문장이 쉽게 기억된다.

*무척 이해하기 쉽게
설명되어 있으니...
스스로 영작하고 있는
사실에 놀랐어요.
영어가 이렇게 재미있는 언어인 줄
이제야 깨달았네요. - ml**im*

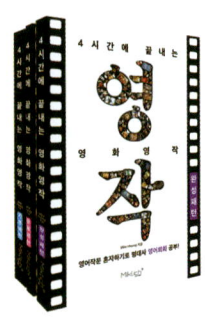

고급 — 잠언 영어성경 / TOP10 연설문 / TOP10 영한대역 단편소설

머리말　　책의 구성/활용　　발췌한 책

A~Z

1 a [아 어 애 에이] p.64
에이 약할 때는 아, 어 / 강할 때는 애, 에이

2 b [브읍]
비 강하게 소리나는 ㅂ

3 c [크 윽(크) 쓰]
씨 평소에는 ㅋ[k] / 뒤에 e나 i가 오면 ㅆ[s]

4 d [드읃(드)]
디 ㄷ과 비슷하다

5 e [에 이이 어 ∅] p.28
이이 약할 때는 에 / 강할 때는 이이

6 f [프 읖]
에프 윗니와 아랫입술 사이에서 소리나는 ㅍ

7 g [그 윽(그)]
쥐 ㄱ과 비슷하다

8 h [흐]
에이취 ㅎ과 비슷하다

9 i [이 아이] p.96
아이 약할 때는 이 / 강할 때는 아이

10 j [쥐]
제이 ㅈ보다 강하고 ㅉ보다는 약한 쥐[dʒ]

11 k [크 윽(크)]
케이 ㅋ과 비슷하다

12 l [르 을]
엘 '을'에서 시작하는 ㄹ

13 m [므음]
엠 ㅁ과 비슷하다

14 n [느은]
엔 ㄴ과 비슷하다

15 o [어 오우 우] p.124
오우 약할 때는 어 / 강할 때는 오우 / oo는 우

16 p [프 읖]
피 ㅍ과 비슷하다

17 q [쿠]
큐 항상 뒤에 u가 붙으며 qu[kw]는 '쿠'

18 r [루 얼]
알 루에서 시작하는 ㄹ, 혀가 입천장에 안 닿음

알파벳별 발음

4회 이상 수록 28단어

차례

무료강의
bit.ly/3etd9h0

알파벳은 때에 따라 다르게 소리나요!

| | 자음 추가 | 모음 추가 |

19 s [스 쓰 즈]
에쓰 약할 땐 ㅅ / 강할 땐 ㅆ / 모음 뒤에는 ㅈ

1 th [드 뜨]
울릴 땐 ㄷ / 안 울릴 땐 ㄸ

1 ng [응]
받침 ㅇ

20 t [트 읕(트) 취]
티 ㅌ과 비슷하다

2 sh [쉬]
발음기호 [ʃ]

2 re [얼 리 레]
단어 끝은 얼, 앞은 리/레

21 u [우 유 어]
유 약할 땐 우 / 강할 땐 유

3 ch [취]
발음기호 [tʃ]

3 ea [이이 에]
a가 사라지고 e가 길어진다

22 v [브 읍(브)]
브이 윗니와 아랫입술 사이에서 소리나는 ㅂ

4 ge [게 쥐]
ge로 끝날 땐 대부분 쥐[dʒ]

4 ee [이이]
e가 사라지고 e가 길어진다

23 w [우] p.136
더블유 뒤에 모음이 붙어서 이중모음이 된다

5 ck [크 윽(크)]
쌍자음은 하나만 소리난다

5 ar [알 얼]
모음+r은 얼

24 x [즈 윽쓰 윽즈]
엑쓰 초성일 때는 ㅈ[z], 받침일 때는 윽쓰[ks]

6 rr [루 얼]
쌍자음은 하나만 소리난다

6 er [얼]
모음+r은 얼

25 y [이 아이] p.44
와이 뒤에 모음이 오면 이중모음[j]이 된다

7 gh [그 ∅ 프]
단어 앞은 [g] / 뒤는 [f], [∅]

7 or [오얼 얼]
모음+r은 얼

26 z [즈]
지 ㅈ보다 부드럽고 아주 많이 울리는 ㅈ

8 ph [프]
[f]로 소리난다.

8 ir [얼]
모음+r은 얼

+ 모든 모음(a e i o u)은 더 약해지면 '어[ə]', 그보다 약해지면 **사라진다[으=∅]**.

+ 모음 두 개가 붙어있으면, 주로 둘 중 하나는 사라지는 대신, 남아있는 모음을 **길게(=강하게)** 만드는 경우가 많다.

머리말　　**책의 구성/활용**　　**발췌한 책**

1 I [아이] 내가

2 you [유] 네가, 너를

3 a [어] 한 (하나인)

4 the [더] 그 (p.30)

5 to [투] ~를 향해 (도달)

6 my [마이] 나의

7 it [잍(트)] 그것이, 그것을

8 is [이즈] 상태/모습이다 (한 개)

9 do [두] ~한다

10 me [미] 나를

11 have [햅(브)] 가지다

12 your [요얼] 너의

13 he [히] 그가

14 are [얼] 상태/모습이다 (여러 개)

알파벳 쓰는 법을 모른다면 <아빠표 초등영어 파닉스>를 참고 하세요.

알파벳별 발음

차례

무료강의
bit.ly/3etd9h0

점선을 따라 쓰고 한 번씩 읽어봐요

15 can [캔] ~할 수 있다

16 want [원트] 원하다

17 make [메익(크)] 만들다

18 will [윌] ~할 것이다

19 heart [할트] 마음, 심장

20 was [워즈] 상태/모습이었다 (한 개)

21 plan [플랜] 계획, 계획하다

22 eat [잍(트)] 먹다

23 help [헬프] 돕다

24 friend [프렌드] 친구

25 be [비] 상태/모습이다

26 not [낱(트)] ~이 아니다

27 change [췌인쥐] 바꾸다

28 bug [벅(그)] 벌레

13

머리말   책의 구성/활용   발췌한 책

1주

2주

1일 단어에 a가 붙는 이유는? 18

2일 밥을 셀 수 없는 이유는? 22

3일 I you see는 내가 보는 걸까, 네가 보는 걸까? 26

4일 a Moon/the Moon 옳은 것은? 30

5일 누구의 것인지 밝히려면? 34

6일 love 대신 loves를 쓰는 이유는? 38

7일 you는 한 명인데 왜 are를 쓸까? 42

1주 정리 46

8일 is와 are의 차이는? 50

9일 오는 '중인'을 표현하려면? 54

10일 진행형에 be동사를 쓰는 이유는? 58

11일 '과거의 나'는 왜 3인칭일까? 62

12일 '한다'를 '했다'로 바꾸려면? 66

13일 be에 수동의 뜻은 없다고? 70

14일 '먹다'와 '먹이다'는 다른 문장을 만든다고? 7

2주 정리 78

알파벳별 발음

4회 이상 수록 28단어

차례

3주

- **15일** 누가/무엇을 중에 잘생긴 것은? 82
- **16일** 동사를 한 번 더 쓰고 싶다면? 86
- **17일** 'to부정사'가 어려웠던 이유는? 90
- **18일** 영어는 '~에서'가 여러가지? 94
- **19일** go뒤에 to가 나온 이유는? 98
- **20일** will이 미래가 아니라니? 102
- **21일** '과거 조동사'는 과거가 아니라고? 106
- **3주 정리** 110

4주

- **22일** because가 '왜냐하면'이 아니라고? 114
- **23일** doesn't likes가 틀린 이유는? 118
- **24일** am not은 왜 줄여쓰지 않을까? 122
- **25일** do와 be가 조동사라고? 126
- **26일** 단어 순서로 물어본다고? 130
- **27일** how는 '얼마나'일까, '어떻게'일까? 134
- **28일** '누가/무엇을'이 사라진 이유는? 138
- **4주 정리** 142

모음 발음
e vs æ 20 e 28 y 44 a 64 i 96
o 124 oo 132 w 136 wh 140

부록
빈도순 500 단어 144
동사의 유형별 불규칙 변형 148

1일 단어에 a가 붙는 이유는? 18

2일 밥을 셀 수 없는 이유는? 22

3일 I you see는 내가 보는 걸까, 네가 보는 걸까? 26

4일 a Moon/the Moon 옳은 것은? 30

5일 누구의 것인지 밝히려면? 34

6일 love 대신 loves를 쓰는 이유는? 38

7일 you는 한 명인데 왜 are를 쓸까? 42

1주 정리 46

8일 is와 are의 차이는? 50

9일 오는 '중인'을 표현하려면? 54

10일 진행형에 be동사를 쓰는 이유는? 58

11일 '과거의 나'는 왜 3인칭일까? 62

12일 '한다'를 '했다'로 바꾸려면? 66

13일 be에 수동의 뜻은 없다고? 70

14일 '먹다'와 '먹이다'는 다른 문장을 만든다고? 74

2주 정리 78

성
단어에서 문장으로
단계별로 단단하게
기초영어공부
혼자하기

**틀려도 자신있게!
처음부터 잘하는 사람은 세상에 없습니다!**

15일 누가/무엇을 중에 잘생긴 것은? 82

16일 동사를 한 번 더 쓰고 싶다면? 86

17일 'to부정사'가 어려웠던 이유는? 90

18일 영어는 '~에서'가 여러가지? 94

19일 go뒤에 to가 나온 이유는? 98

20일 will이 미래가 아니라니? 102

21일 '과거 조동사'는 과거가 아니라고? 106

3주 정리 110

22일 because가 '왜냐하면'이 아니라고? 114

23일 doesn't likes가 틀린 이유는? 118

24일 am not은 왜 줄여쓰지 않을까? 122

25일 do와 be가 조동사라고? 126

26일 단어 순서로 물어본다고? 130

27일 how는 '얼마나'일까, '어떻게'일까? 134

28일 '누가/무엇을'이 사라진 이유는? 138

4주 정리 142

영어는 그림을 그리는 언어이므로 수를 알아야 그릴 수 있다!

무료강의

bug X
벅(그)

1 단어에 a가 붙는 이유는?

한 마리일 때: a bug O
　　　　　　어　벅(그)

여러 마리일 때: bugs O
　　　　　　　　벅스

영어는 그림을 그리는 언어이다.
한 개인지 여러 개인지 알아야 그릴 수 있기에
모든 물건은 한 개일 때는 앞에 'a'를 붙이고,
여러 개일 때는 뒤에 's'를 붙인다.

gift는 '선물'을 의미한다.
그런데 영어에서 gift만 쓸 수는 없다.
선물이 한 개면 a gift,
선물이 두 개 이상이면 gifts를 써야만 한다.

a는 한 개(a gift)를 의미하고 단어 뒤의 -s는 여러 개(gifts)를 의미한다.
한국어로 그대로 옮긴다면, a를 '한'으로 '-s'를 '~들'로 바꿀 수 있다.
　　　　a gift 한 선물 / gifts 선물들

그 외에 횟수(a shower, a smile)나
보이지 않아도 개념상의 덩어리(an idea)가 있으면 셀 수 있다.

idea는 발음이 '아이디어'이므로 모음(아)으로 시작한다.
이 경우 앞에 a(어)를 붙이면 '어 아이디어'로 잘 안들리기에
a대신 an(언)을 쓴다.
　　　　a idea X / an idea O

---

bug 다리와 날개가 있는 벌레를 일컫는다. 반면에 worm은 다리 없이 기어다니는 벌레를 일컫는다.

한 개면 단어 앞에 '한'을, 여러 개면 단어 뒤에 '들'을 붙여보자!

벌레가 한 마리면: 한 벌레
벌레가 여러 마리면: 벌레들

1. 친구가 **한 명**이면? / 친구가 **여러 명**이면?

2. 심장이 **한 개**면? / 심장이 **여러 개**면?

3. 계획이 **한 개**면? / 계획이 **여러 개**면?

4. 신발이 **한 짝**이면? / 신발이 **여러 짝**이면?

5. 눈이 **한 개**면? / 눈이 **여러 개**면?

정답 1 한 친구 / 친구들 2 한 심장 / 심장들 3 한 계획 / 계획들 4 한 신발 / 신발들 5 한 눈 / 눈들

 단어와 발음을 익혀보자! 2시간에 끝내는 한글영어 발음천사 p.79 p.80

e vs æ

발음기호 [에]   발음기호 [애]

에 [e] 알파벳 e는 발음기호에서 '에'를 뜻한다. friend [프렌드]=[frend]

애 [æ] 알파벳에 없는 æ(a와 e가 붙은 모양)는 발음기호에서 '애'를 뜻한다.
알파벳 a가 강하게(=길게) 소리날 때 종종 발음 된다.
plan [플랜]=[plæn]

❶ bug
[bʌg] b브읍 u우유어 g그윽(그)   벌레

❷ eye
[ai] e에이어이어이Ø y이아이 e에이어이어Ø   눈 (신체)

❸ friend
[frend] f프윺 r루얼 i이아이Ø e에이어이어이Ø n느은 d드을   친구

❹ heart
[haːrt] h흐 e에이어이어이Ø ar알얼 t트읕(트)취   심장, 마음

❺ plan
[plæn] p프윺 l르을 a아어애에이 n느은   계획

❻ shoe
[ʃuː] sh쉬 o어오우우 e에이어이어Ø   신발

한 개면 단어 앞에 'a'을, 여러 개면 단어 뒤에 's'을 붙여보자!

벌레가 한 마리면: a bug
어 벅(그)

벌레가 여러 마리면: bugs
벅스

1. 친구가 **한 명**이면? / 친구가 **여러 명**이면?
2. 심장이 **한 개**면? / 심장이 **여러 개**면? 
3. 계획이 **한 개**면? / 계획이 **여러 개**면? 
4. 신발이 **한 짝**이면? / 신발이 **여러 짝**이면? 
5. 눈이 **한 개**면? / 눈이 **여러 개**면? 

정답 **1** a friend / friends **2** a heart / hearts **3** a plan / plans **4** a shoe / shoes **5** an eye / eyes

윤곽이 모호한 것은 셀 수 없다!

a water ✗
어　　　　　워털

무료강의

water ○
워털

the water ○
더　　　워털

2
밥을
셀 수 없는
이유는?

윤곽을 뚜렷하게 그리지 못하는 것은 대부분 셀 수 없다.
한 개인지 여러 개인지 판단할 수 없기 때문이다.

물(water)의 경우 흐름을 그릴 뿐 정확한 윤곽을 그릴 수 없다.
만약 뚜렷한 윤곽을 그렸다면 물이 담긴 '병'이나 '컵'을 그렸을 것이다.
그래서 물은 셀 수 없으므로 a water, waters는 쓸 수 없다.
the water는 가능하다.

　+ the는 서로 알고 있는 것을 일컬을 때 쓴다(p.30)

쌀(rice)도 보통 한 톨, 한 톨을 살려서 그리지 않는다. 대략 그릴 뿐이다.
쌀도 셀 수 없으므로 a rice, rices를 쓸 수 없다. the rice는 가능하다.

대명사와 고유명사(사람의 이름 등)는
구태여 a, the를 쓸 필요가 없다.
쓰지 않아도 한 개인지 여러 개인지 알 수 있어서
그림을 그릴 수 있기 때문이다.

　+ 대명사란 '원래 명칭을 대신해서 쓰는 명사'이다.
　　'나'를 대신해서 I, '너'는 you,
　　'우리'는 we, '그들'은 they,
　　'그'는 'he', '그녀'는 she, '그것'은 it을 쓰는데,
　　일단은 I(나)와 you(너)만 알고 있어도 된다.

water 물, 보통 [워털]로 읽지만, 미국에서는 보통 [워럴]로 흘려 발음한다.

더 자연스러운 단어(셀 수 있는 것)에 O표 하자.

한 물 /

한 내일	한 날
한 영어과목	한 영국인
한 미소	한 기쁨
한 사랑 이야기	한 사랑
한 돈	한 달러

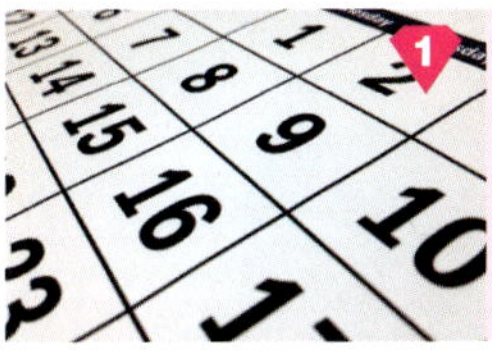

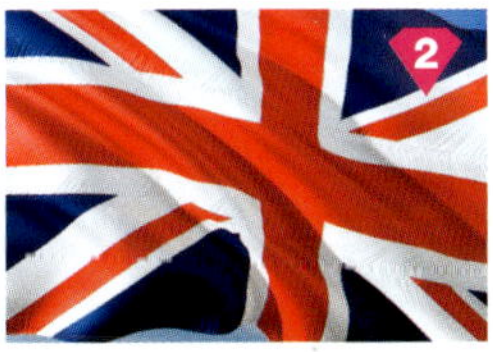

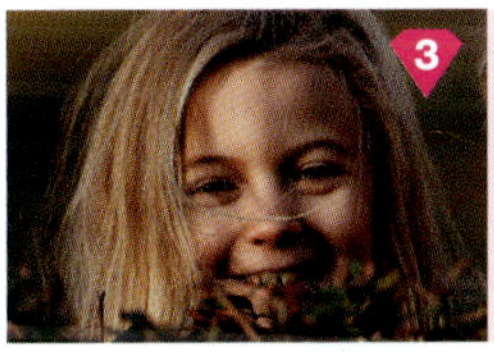

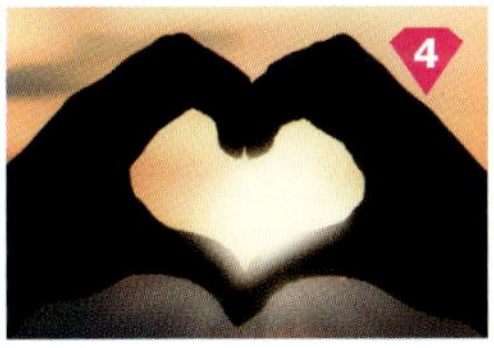

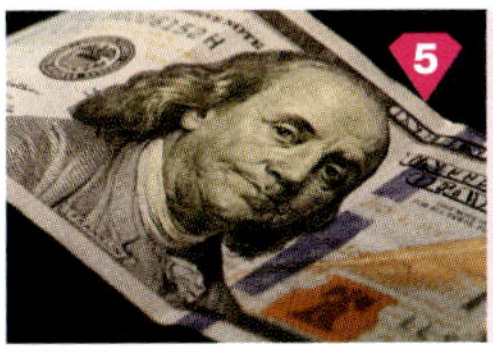

정답 1 한 날 2 한 영국인 3 한 미소 4 한 사랑 이야기 5 한 달러

단어와 발음을 익혀보자!

1. day 　　　　　　　　　　　　　　　　날
[dei] d드을 a아어애에이 y이아이 ∅(예외)

2. dollar 　　　　　　　　　　　　　　달러 (미국 돈의 단위)
[da:lər] d드을 o어오우우아(예외) ll르을 a아어애에이 r루얼

3. English 　　　　　　　　　　　　　영어, 영국의
[iŋgliʃ] e에이이어이 ∅ ng응(그) l르을 i이아이 sh쉬

4. love 　　　　　　　　　　　　　　　사랑
[lʌv] l르을 o어오우우 v브읍 e에이이어이 ∅

5. man 　　　　　　　　　　　　　　　남자 (성인)
[mæn] m므음 a아어애에이 n느은

6. money 　　　　　　　　　　　　　　돈
[mʌni] m므음 o어오우우 n느은 e에이이어이 ∅ y이아이

7. pleasure 　　　　　　　　　　　　기쁨
[pleʒər] p프읖 l르을 ea에이이 s스쓰즈 u우유어 r루얼 e에이이어이 ∅

8. rice 　　　　　　　　　　　　　　　쌀
[rais] r루얼 i이아이 c크윽쓰 e에이이어이 ∅

9. smile 　　　　　　　　　　　　　　미소
[smail] s스쓰즈 m므음 i이아이 l르을 e에이이어이 ∅

10. tomorrow 　　　　　　　　　　　　내일
[tumə:rou] t트을취 o어오우우 m므음 o어오우우 rr루얼 o어오우우 w ∅

11. water 　　　　　　　　　　　　　　물
[wɔ:tər] w우 a아어애에이 t트을취 er얼

24

더 자연스러운 단어(셀 수 있는 것)에 O표 하자.

a water / a ~~bottle of water~~

1	a tomorrow	a day
 2	an English	an English man
 3	a smile	a pleasure
 4	a love story	a love
 5	a money	a dollar

정답 **1** a day **2** an English man **3** a smile **4** a love story **5** a dollar

영어의 70% 이상은 이 순서로 말해야만 한다!

무료강의

3

**I you see는
내가 보는 걸까,
네가 보는 걸까?**

누가-한다-무엇을
I   see   you.
아이   씨이   유
내가   본다   너를

'나는-너를-본다'를 한글 문장 순서 그대로 영작하면
'I(나)-you(너)-see(본다)'이다.
하지만 I you see에서
내(I)가 너를 보는(see)지, 너(you)가 나를 보는(see)지 알 수 없다.
그래서 영어에는 '~는', '~를'이 없는 대신,
단어의 순서로 '~는, ~를'을 표시한다.

보이지는 않지만 의미상
항상 첫 단어에는 '~는/~가'가 붙고,
두 번째 단어는 '~한다',
세 번째 단어는 '~를/~을'이 붙는다.

'누가-한다-무엇을' 순서에 맞춰 영작하면
'내가(I)-본다(see)-너를(you)'이다.

'너는 나를 본다'를 영작하면
'네가(You)-본다(see)-나를(I)이 되는데,
'나'는 '누가' 자리에선 'I'로 쓰지만, '무엇을' 자리에선 'me'로 쓴다.
그래서 'You-see-me'가 맞는 문장이다.

+ 우리는(we)-우리를(us), 그들은(they)-그들을(them),
    그는(he)-그를(him), 그녀는(she)-그녀를(her), 그것은(it)-그것을(it)

I see you 나비족의 인사말 <아바타> 영화1 1단원 주제문

한글 문장을 영어 어순의 영어식 한글문장으로 고쳐보자!

내가 너를 본다

내가 본다 너를
누가   한다   무엇을

 나는 너를 싫어한다.

       누가   한다   무엇을 .

생활1 9단원 (72)

 나는 너를 부러워한다.

       누가   한다   무엇을 .

생활1 9단원 (69)

 너는 나를 안다.

       누가   한다   무엇을 .

모던패밀리 2-17 필 미드1 1단원 2 (14)

 너는 나를 움직인(감동시킨)다.

                                               .

글리 2-16, 블레인 미드1 2단원 (13)

 너는 나를 완성한다.

                                               .

제리 맥과이어 제리 맥과이어 영화1 1단원 (2)

정답 1 나는 싫어한다 너를 2 나는 부러워한다 너를 3 너는 안다 나를 4 너는 움직인다 나를 5 너는 완성한다 나를

단어와 발음을 익혀보자!

2시간에 끝내는 한글영어 발음천사 p.77 p.80 p.81

알파벳 **이이**
발음기호 **[에]**

이이 [iː] 다른 모음(a e i o u)이 붙거나 강세가 있을 때.
me [miː] 미이, see [siː] 씨이

에 [e] 약하게 소리날 때, 발음기호 [e]. envy [envi] 엔비

묵음 단어 끝에 있을 때. 소리나지 않고 다만 앞의 모음을 길게 만든다.
hate [heit] 헤잍(트): e가 a를 길게 만들어서 하테(a:아)가 아니라 헤이트(a:에이)로 읽는다.

1. complete — 완성하다
[kəm'pliːt] c크윽 o어오우우 m므음 p프윺 l르을 e에이이어이Ø t트을(트) e에이이어이Ø

2. envy — 부러워하다
[envi] e에이이어이Ø n느 은 v브읖 y이아이

3. hate — 싫어하다
[heit] h흐 a아어애에이 t트을(트) e에이이어이Ø

4. I — 나는
[ai] I이 아이

5. know — 알다
[nou] k크윽Ø(예외:kn에서 k가소리나지않는다) n느은 o어오우우 w우Ø(예외)

6. me — 나를
[mi] m므음 e이이에어

7. move — 움직이다
[muːv] m므음 o오우어우(예외) v브 eØ

8. see — 보(이)다
[siː] s쓰스즈 e이이에어 e이이에어Ø

9. you — 너는, 너를
[ju] y이아이 o오우오어Ø u우유어

28

한글 문장을 영작 해보자!

내가 너를 본다
I see you
누가 　 한다 　 무엇을

나는 너를 싫어한다.

_____   _____   _____ .
　누가　　　한다　　　무엇을

장면 어쩔 수 없이 비수를 꽂아야 할 때

 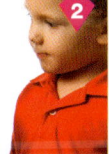
나는 너를 부러워한다.

_____   _____   _____ .
　누가　　　한다　　　무엇을

장면 부러우면 지는 거야! 그래도...

너는 나를 안다.

_____   _____   _____ .
　누가　　　한다　　　무엇을

장면 필이 말을 마치지도 않았는데 클레어가 알아맞히자.

너는 나를 움직인(감동시킨)다.

_____ .

장면 커트가 오랫동안 흠모했던 블레인에게 사랑을 고백받을 때.

너는 나를 완성한다.

_____ .

장면 엘리베이터에서 옆의 연인이 수화로 한 말을 나중에 제리도 도로시에게 한다.

정답 1 I hate you 2 I envy you 3 You know me 4 You move me 5 You complete me

a대신 the를 쓰는 법!

무료강의

서로 알고 있는 그것에 the를 쓴다.

4

a Moon/the Moon
옳은 것은?

I know the voice.

아이	노우	더	보이쓰
나는	안다	그	목소리를
누가	**한다**		**무엇을**

the voice에서 the와 voice를 따로 생각하면 안되고,
the voice를 하나의 단어(여기서는 '무엇을')로 봐야 한다.

the는 한국어의 '그'와 비슷하다.
단, 영어에서 모든 물건 앞에는 한정사(a/the/my 등)를 꼭 써야 하므로,
한국어에서보다 그(the)를 훨씬 자주 보게 된다.

the는 말하는 사람과 듣는 사람 모두
가리키는 대상(명사)이 무엇인지 알 수 있을 때 쓴다.
그래서 어떤 사물을 처음 일컬을 때는 a/-s/my 등을 쓰지만,
이후에는 서로 알게 됐으므로 주로 the를 붙여서 말한다.

우주의 다른 행성에는 달(또는 태양)이 여러 개 있을 수 있지만,
지구에 영향을 끼치는 달은 The Moon 한 개 뿐이기에 the를 붙인다.
마찬가지로 지구는 The Earth, 태양은 The Sun을 쓴다.

대학교 이름(The University of Utah 등)이나
영화/미드 이름(The big bang theory) 등,
이름이 지어질 때부터 다른 것과 구별되어
이름 자체에 the를 포함하기를 원하는 것들도 the를 쓴다.

+ love를 '한다' 자리에 쓰면 동사(사랑한다)지만,
그 외의 자리에서 쓰면 주로 명사(사랑)을 의미한다.

I know the voice. 헤일리가 이상한 목소리로 좋아하는척 했던 거라며. <모던패밀리 6-10 캠> 미드1 1-5 (46)

한글 문장을 영어 어순의 영어식 한글문장으로 고쳐보자!

나는 그 목소리를 안다.

나는 안다 그 목소리를.

누가   한다   무엇을

1 나는 계획들을 가진다.

      누가   한다   무엇을

생활1 9단원 (70)

2 나는 한 할인을 원한다.

      누가   한다   무엇을

유럽 3단원 (3)

3 나는 벌레들을 먹는다.

      누가   한다   무엇을

빠삐용 빠삐용 영화1 1단원 (1)

4 나는 그 독감을 가진다.

생활1 15단원 (122)

5 나는 그 인터넷을 서핑한다.

생활1 15단원 (121)

정답 1 나는 가진다 계획들을 2 나는 원한다 한 할인을 3 나는 먹는다 벌레들을
4 나는 가진다 그 독감을 5 나는 서핑한다 그 인터넷을

단어와 발음을 익혀보자!

1. bug [bʌg] b브읍 u우유어 g그윽(그) — 벌레, 성가시게 하다

2. discount [dis'kaunt] d드읕 i이아이 s스쓰즈 c크윽쓰 o어오우우아(예외) u우유어 n느은 t트읕취 — 할인

3. eat [i:t] ea에이아이 t트읕(트)취 — 먹다

4. flu [flu:] f프윞르을 u우유어 — 독감

5. have [hæv] h흐 a아어애에이 v브읍(브) e에이어이이Ø — 가지다

6. I [ai] i이아이 — 나는

7. internet [intərnet] i이아이 n느은 t트읕취 er얼느은 e에이어이이Ø t트읕(트)취 — 인터넷

8. plan [plæn] p프윞르을 a아어애에이 n느은 — 계획

9. surf [səːrf] s스쓰즈 u우유어 r루얼 f프윞(프) — 서핑하다

10. the [ðə] th드뜨 e에이어이이Ø — 그

11. want [wɔːnt] w우 a아어애에이 n느은 t트읕취 — 원하다

한글 문장을 영작 해보자!

나는 그 목소리를 안다.

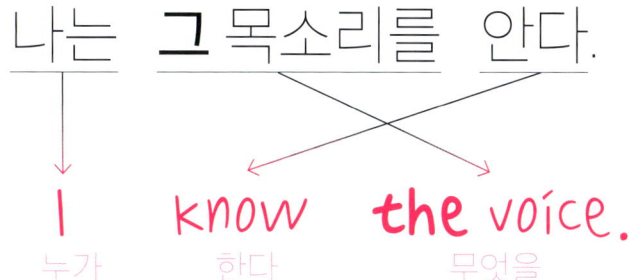

I know the voice.
누가 한다 무엇을

나는 계획들을 가진다.

_____ _____ _____.
누가   한다   무엇을

장면 미국인들은 계획을 좋아해.

나는 한 할인을 원한다.

_____ _____ _____.
누가   한다   무엇을

장면 물건이 비싸다고 느껴지면.

나는 벌레들을 먹는다.

_____ _____ _____.
누가   한다   무엇을

장면 감옥에서 굶주림 때문에.

나는 그 독감을 가진다.

_____.

장면 신종코로나가 아니라, 요새 유행하는 '그' 독감이라고.

나는 그 인터넷을 서핑한다.

_____.

장면 우리 모두가 알고 있는 그 인터넷

정답 1 I have plans 2 I want a discount 3 I eat bugs 4 I have the flu 5 I surf the internet

a/the대신 my, your, our를 써보자!

무료강의

'나의'는 my,
'너의'는 your,
'우리의'는 our.

I love your story.
아이   러브   유얼   스토뤼
나는   사랑한다   너의   이야기를
누가   한다   무엇을

your story에서 your과 story를 따로 볼 게 아니라,
your story를 하나의 명사로 봐야 한다.
영어에서는 story만 단독으로 쓸 수 없고
앞에 a나 the, your 등(한정사)을 써야 하기 때문이다.

your를 쓰는 이유는,
사물을 더 명확하게 그릴 수 있도록
누구의 것인지 표시하는 것이다.

누구의 것인지 표시하기 위해
a, the, this, two 등을 대신해서 이런 걸 쓴다.
     나의 my, 너의 your,
     우리의 our, 그들의 their,
     그녀의 her, 그의 his, 그것의 its

   + 대명사(I, you, he, she 등) 외에
      '~의'를 쓸 때는 's를 붙인다.
      고양이의 팔 cat's arm
      엄마의 손길 mom's touch

한글 문장을 영어 어순의 영어식 한글문장으로 고쳐보자!

내가 **너의** 이야기를 사랑한다.

내가 사랑한다 너의 이야기를.
누가   한다   무엇을

1. 나는 너의 신발들을 좋아한다.

_____누가_____ _____한다_____ _____무엇을_____.
생활1 17단원 (140)

2. 너는 나의 엄마를 안다.

_____누가_____ _____한다_____ _____무엇을_____.
가십걸 1-1 세레나 미드1 4단원 4 (34)

3. 나는 너의 도움을 필요로 한다.

_____누가_____ _____한다_____ _____무엇을_____.
생활1 17단원 (138)

4. 역경 속에서, 우리는 우리의 (진정한) 친구들을 안다.

역경 속에서, _____ _____.
존 철튼 콜린스 명언 1주 (6)

5. 너는 너의 어머니의 눈을 가진다.

_____.
해리 포터와 죽음의 성물 2부 스네이프 영화1 1단원 (4)

정답 1 나는 좋아한다 너의 신발들을 2 너는 안다 나의 엄마를 3 나는 필요로 한다 너의 도움을
4 우리는 안다 우리의 (진정한) 친구들을 5 너는 가진다 너의 어머니의 눈을

단어와 발음을 익혀보자!

1. adversity 역경
[ædˈvəːrsəti] a아어애에이 d드은 v브음 er얼 s스쓰즈 i이아이어(예외) t트을취 y이아이

2. eye 눈 (신체)
[ai] e에이이어이Ø y이아이 e에이이어이Ø

3. friend 친구
[frend] f프읖 r루얼 i이아이Ø(예외) e에이이어이Ø n느은 d드은

4. help 도움, 돕다
[help] h흐 e에이이어이 l르을 p프읖(프)

5. know 알다
[nou] k크윽Ø(예외) n느은 o어오우우 w우 Ø(예외)

6. like 좋아하다
[laik] l르을 i이아이 k크윽(크) e에이이어이Ø

7. mom 엄마
[mam] m므음 o어오우우아(예외) m므음

8. mother's 어머니의
[mʌðərz] m므음 o어오우우 th드뜨 er얼 s스쓰즈

9. my 나의
[mai] m므음 y이아이

10. need 필요하다
[niːd] n느은 ee이이 d드을(드)

11. shoe 신발
[ʃuː] sh쉬 o어오우우 e에이이어이Ø

12. we 우리는
[wi] w우 e에이이어이Ø

13. your 너의
[jour] y이아이 o어오우우 u우유어 Ø r루얼

한글 문장을 **영작** 해보자!

내가 **너의** 이야기를 사랑한다.

I love **your** story.
누가 　　　한다 　　　　　무엇을

---

1 나는 너의 신발을 좋아한다.
　　누가　　　　한다　　　　　무엇을　　　　.
장면 친구가 말하면 칭찬, 조폭이 말하면 협박

2 너는 나의 엄마를 안다.
　　누가　　　　한다　　　　　무엇을　　　　.
장면 부서졌다고 말했는데, 안 부서져있으면 엄마는 부숴버리잖아.

3 나는 너의 도움을 필요로 한다.
　　누가　　　　한다　　　　　무엇을　　　　.
장면 상대방의 마음을 여는 마법의 문장.

4 역경 속에서, 우리는 우리의 (진정한) 친구들을 안다.
In adversity, _____
장면 풍요 속에서 '친구들은' 우리가 누군지 알게 된다. 하지만 역경 속에서는..

5 너는 너의 어머니의 눈을 가진다.
_____
장면 스네이프가 해리의 엄마를 사랑했었다니!

정답 1 I like your shoes **2** You know my mom **3** I need your help **4** we know our friends **5** You have your mother's eyes

6
love 대신 loves를 쓰는 이유는?

'누가'에 따라 '한다(동사)'가 바뀐다!

'누가'가 나면

I love you.
아이   러브   유
나는   사랑한다   너를

'누가'가 그녀이면

She loves you.
쉬   러브즈   유
그녀는   사랑한다   너를

앞서 영어는 그림을 그리는 언어라고 했다.
그림을 더 명확하게 그리기 위해,
그리고 단어의 순서를 제대로 나타내기 위해
나/너를 제외한 '누가'가 한 명일 때는
'한다(동사)'에 's'를 붙인다.

그래서 '누가'가 '나'일 때는 I love you이지만,
'누가'가 she이면 She loves you이다.
she일 때 '한다'는 love를 쓸 수 없고 loves만 써야 한다.
      He loves you. 그는 너를 사랑한다.
      It loves you. 그것은 너를 사랑한다.

love에는 's'만 붙였지만,
발음이 s와 비슷하면(s, x, sh, o) 'es'를 붙인다.
      impresses   mixes   wishes   goes   does
'자음+y'로 단어가 끝나면 y를 i로 고치고 'es'를 붙인다.
      envy → envies / study → studies,
have는 특이하게 haves가 아니라 has를 쓴다.
      have → has

한글 문장을 영어 어순의 영어식 한글문장으로 고쳐보자!

그녀는   너를   사랑한다.

그녀는   사랑한다   너를.
누가   한다   무엇을

1. 그것은 나의 마음을 부순다.

    누가   한다   무엇을   .

생활1 17단원 (142)

2. 그것은 나를 (벌레처럼) 성가시게 한다.

    누가   한다   무엇을   .

생활1 17단원 (139)

3. 그는 한 여자친구를 갖는다.

    누가   한다   무엇을   .

빅뱅이론 4-5 레너드   미드1 2단원 3 (78)

4. 운은 용감한 자들에게 호의를 준다.

                                                        .

베르 길리우스   명언 2주 (10)

5. 한 똑똑한 사람은 한 문제를 푼다.

                                                        .

아인슈타인   명언 2주 (13)

정답 1 그것은 부순다 나의 마음을 2 그것은 성가시게 한다 나를 3 그는 갖는다 한 여자친구를
4 운은 호의를 준다 용기있는 자들에게 5 한 똑똑한 사람은 푼다 한 문제를

단어와 발음을 익혀보자!

1 brave 용감한 (the brave: 용감한 사람들)
[breiv] b브읍 r루얼 a아어애에이 v브읍(브) e에이이어이∅

2 break 부수다
[breik] b브읍 r루얼 ea에이이에이(예외) k크윽(크)

3 clever 똑똑한
[klevər] c크윽씨르을 e에이이어이∅ v브읍 er얼

4 favor 호의
[feivər] f프윺 a아어애에이 v브읍 or오얼얼

5 fortune 운
[fɔːrtʃuːn] f프윺 or오얼얼 t트읃취 u우유어 n느은 e에이이어이∅

6 girlfriend 여자친구
[gəːrlfrend] g그윽 ir얼르을 f프윺 r루얼 i이아이∅ e에이이어이∅ n느은 d드읃

7 has 가지다 (have의 3인칭 단수)
[hæz] h흐 a아어애에이 s스쓰즈

8 he 그는
[hi] h흐 e에이이어이∅

9 heart 마음
[haːrt] h흐 e에이이어이∅ ar얼얼 t트읃(트)취

10 it 그것은, 그것을
[it] i이아이 t트읃취

11 person 사람
[pəːrsn] p프윺 er얼 s스쓰즈 o어오우우∅ n느은

12 problem 문제
[praːbləm] p프윺 r루얼 o어오우우아(예외) b브읍 l르을 e에이이어이∅ m므음

13 solve 풀다
[sɔlv] s스쓰즈 o어오우우 l르을 v브읍 e에이이어이∅

한글 문장을 **영작** 해보자!

그녀는   너를   사랑한다.

She loves you.

누가   한다   무엇을

그것은 나의 마음을 부순다.

_____ 누가 _____ 한다 _____ 무엇을ㅤㅤㅤ.

장면 헤어지면 찬 사람은 멀쩡하겠지만 당한 사람은...

그것은 나를 (벌레처럼) 성가시게 한다.

_____ 누가 _____ 한다 _____ 무엇을ㅤㅤㅤ.

문법 '벌레'를 동사 자리에 쓰면 '벌레'의 대표적인 행동(성가시게 하는 것)을 뜻한다.

그는 한 여자친구를 갖는다.

_____ 누가 _____ 한다 _____ 무엇을ㅤㅤㅤ.

장면 '우리는 여자친구가 없다'고 하지만, 본인 외에는 모두 여자친구가 있었음.

운은 용감한 자들에게 호의를 준다.

_____ㅤ.

장면 인생에서 가장 용기 있었던 순간은? **문법** the+형용사 = (형용사)한 사람들

한 똑똑한 사람은 한 문제를 푼다.

_____ㅤ.

장면 하지만 지혜로운 사람은 문제를 풀기보다는 피하려고 한다.

정답 1 It breaks my heart **2** It bugs me **3** He has a girlfriend
4 Fortune favors the brave **5** A clever person solves a problem

7

you는
한 명인데
왜
are를 쓸까?

상태나 모습을 말할 때는 be동사(am/are)를 써야 한다.

'누가'가 나면

I am right.
아이   앰   롸잍(트)
나는 상태/모습이다   옳은

무료강의

'누가'가 너이면

You are right.
유   얼   롸잍(트)
너는   상태/모습이다   옳은

'누가'의 '상태나 모습'에 대해 말할 때 be동사를 쓴다.
I am right의 문장 구조는
'누가(I)-상태/모습이다(am)-어떤(right)'이다.
'누가'가 어떤 상태나 모습인지 '어떤(right)'에서 설명한다.

이것은 영어에서 두 번째로 많이 쓰이는 문장 구조(약 20% 가량)이다.

+ 행동에 관심이 있을 때 쓰는 '누가-한다-무엇을(p.26)'이
  가장 많이 쓰이는(70% 이상) 문장 구조이다.

be동사는 '누가'가 무엇이냐에 따라 다르게 쓴다.
나(I)일 때는 am, 너(you)는 are를 쓴다.
누가가 너(you)이면 위의 예문은 You are right이다.

+ 너(you)에 are를 쓰는 이유(p.50)는
  you가 너희'들'을 일컬을 때도 있기 때문이다.

주로 I am을 줄여서 I'm으로,
You are을 줄여서 You're로 쓴다.
이 책에서도 대명사(I, you, he, she, it) 다음의 be동사는 줄여 썼다.

+ 아름답다, 아름다운, 아름다워서, 아름답기에 등의
  사전에 실린 형태(기본형)이 '아름답다'인 것처럼
  am, are, is, was, were, been, being이
  사전에 실린 형태(기본형)이 be이기 때문에 be동사라고 불린다.

한글 문장을 영어 어순으로 영작 해보자!

나는 옳은 상태/모습이다.

나는   상태/모습이다   옳은.
누가   상태/모습이다   어떤

1 나는 운이 좋은 상태/모습이다.
_____ _____ _____.
누가   상태/모습   어떤
생활1 49단원 (413)

2 너는 똑똑한 상태/모습이다.
_____ _____ _____.
누가   상태/모습   어떤
가십걸 4-20 댄   미드1 6단원 3 (268)

3 나는 한 이방인인 상태/모습이다.
_____ _____ _____.
누가   상태/모습   어떤
생활1 4단원 (26)

4 나는 너의 아버지인 상태/모습이다.
_____.
스타워즈 에피소드 5:제국의 역습 다스베이더   영화1 3단원 (주제문)

5 너는 나의 나이인 상태/모습이다. (나와 나이가 같다)
_____.
생활1 18단원 (150)

정답 1 나는 상태/모습이다 운이 좋은 2 너는 상태/모습이다 똑똑한 3 나는 상태/모습이다 한 이방인인
4 나는 상태/모습이다 너의 아버지인 5 너는 상태/모습이다 나의 나이인

단어와 발음을 익혀보자!

2시간에 끝내는 한글영어 발음천사 p.95

y

알파벳 **와이**
발음기호 **[j(이)]**

이 [j] 뒤에 다른 모음이 붙어서 이중모음이 된다.
참고로 이중모음은 영어에서 자음으로 취급한다.
y**ou** [ju] 유   y**ear** [jiər] 이열

이 [i] 단어 끝에서 주로 '이'로 발음된다.
luck**y** [lʌki] 럭키   man**y** [meni] 메니

아이 [ai] 단어 끝에서 가끔 '아이'로 발음된다.
m**y** [mai] 마이   cr**y** [krai] 크라이

---

1 age
[eidʒ] a아어애에이 ge게쥐   나이

2 father
[fa:ðər] f프읖 a아어애에이 th드뜨 er얼   아버지

3 I'm
[aim] i이아이 m므음   나는 상태/모습이다
                                                 (= I am)

4 lucky
[lʌki] l르을 u우유어 ck크윽(크) y이아이   운이 좋은

5 my
[mai] m므음 y이아이   나의

6 smart
[sma:rt] s스쓰즈 m므음 ar알얼 t트을취   똑똑한

7 stranger
[streindʒər] s스쓰즈 t트을취 r루얼 a아어애에이 n느은 ge게쥐 r루얼   이방인인

8 you're
[juər] y이아이 o어오우우 ∅ u우유어 r루얼 e에이이어이 ∅   너는 상태/모습이다
                                                                    (= you are)

9 your
[jour] y이아이 o어오우우 u우유어 ∅ r루얼   너의

한글 문장을 영어 문장으로 고쳐보자!

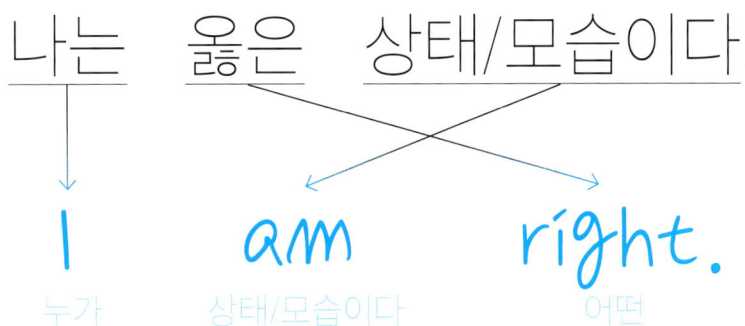

나는 옳은 상태/모습이다.

I am right.

누가 / 상태/모습이다 / 어떤

1 나는 운이 좋은 상태/모습이다.

_____누가+상태/모습_____ _____어떤_____.

장면 안전벨트 덕분에 목숨을 잃지 않아서. 문법 명사에 -y를 붙이면 형용사

2 너는 똑똑한 상태/모습이다.

_____누가+상태/모습_____ _____어떤_____.

장면 하지만 지금 난 누구 만나고 싶지 않아서..(애매한 관계였던 찰리에게).

3 나는 한 이방인인 상태/모습이다.

_____누가+상태/모습_____ _____어떤_____.

장면 여행 갔는데 누가 길을 물어보면? 문법 -er은 -하는 사람을 의미한다.

4 나는 너의 아버지인 상태/모습이다.

_____.

장면 그렇게 미워하고, 죽이고 싶어 했던 악당이 아빠라니!

5 너는 나의 나이인 상태/모습이다. (나와 나이가 같다)

_____.

장면 한국에서는 이 말 다음에 말 놓자고 하는데.

정답 **1** I'm lucky **2** You're smart **3** I'm a stranger **4** I'm your father **5** You're my age

1주 정리

문법 괄호에 알맞은 말을 써 보세요.

1일 셀 수 있는 모든 명사에는 앞에 (　　　)가 붙거나 뒤에 (　　　)가 붙는다.

2일 (　　　)을 뚜렷하게 그리지 못하는 것은 대부분 셀 수 없다.

3일 영어 문장의 70% 이상은 (　　　)-(　　　)-(　　　) 순서로 문장이 구성된다.

4일 말하는 사람과 듣는 사람 모두, 가리키는 대상이 무엇인지 (　　　)있는 그것에 (　　　)를 쓴다.

5일 '내가'는 I이지만 '나의'는 (　　　), '네가'는 you지만 '너의'는 (　　　), '우리가'는 we이지만, '우리의'는 (　　　)이다.

6일 '내가 너를 좋아한다'는 I love you이지만, '그녀가 너를 좋아한다'는 (　　　)이다.

7일 상태나 모습에 대해 설명할 때 쓰는 동사를 (　　　)라 하는데, '누가'가 '나(I)'일 때는 (　　　), '너(you)'일 때는 (　　　)를 쓴다.

어휘 영어 단어에 알맞은 뜻을 써 보세요.

1 age :

2 brave :

3 break :

4 clever :

5 complete :

6 discount :

7 envy :

8 favor :

9 fortune :

10 person :

11 pleasure :

12 solve :

13 stranger :

14 want :

작문 그림을 보고 영어로 말하세요.
어렵다면 영어로 써본 뒤 말하거나 강의를 듣습니다.

1일 p.18

2일 p.22

3일 p.26

4일 p.30

5일 p.34

6일 p.38

7일 p.42

정답

무료강의

문법
1일 a, s
2일 윤곽
3일 누가, 한다, 무엇을
4일 알고, the
5일 my, your, our
6일 She loves you.
7일 be동사, am, are

어휘
1 나이   8 호의
2 용감한   9 운
3 부수다   10 사람
4 똑똑한   11 기쁨
5 완성된   12 풀다
6 할인   13 이방인
7 부러워하다 14 원하다

작문
1일 1 a friend / friends
      2 a heart / hearts

2일 1 a day
      2 an English man

3일 1 I hate you.
      2 I envy you.

4일 1 I have plans.
      2 I want a discount.

5일 1 I like your shoes.
      2 You know my mom.

6일 1 It breaks my heart.
      2 It bugs me.

7일 1 I'm lucky.
      2 You're smart.

1일 단어에 a가 붙는 이유는? 18

2일 밥을 셀 수 없는 이유는? 22

3일 I you see는 내가 보는 걸까, 네가 보는 걸까? 26

4일 a Moon/the Moon 옳은 것은? 30

5일 누구의 것인지 밝히려면? 34

6일 love 대신 loves를 쓰는 이유는? 38

7일 you는 한 명인데 왜 are를 쓸까? 42

1주 정리 46

8일 is와 are의 차이는? 50

9일 오는 '중인'을 표현하려면? 54

10일 진행형에 be동사를 쓰는 이유는? 58

11일 '과거의 나'는 왜 3인칭일까? 62

12일 '한다'를 '했다'로 바꾸려면? 66

13일 be에 수동의 뜻은 없다고? 70

14일 '먹다'와 '먹이다'는 다른 문장을 만든다고? 74

2주 정리 78

단어에서 문장으로
단계별로 단단하게
기초영어공부
혼자하기

행동에 대해 말하고 싶은지
상태/모습에 대해 말하고 싶은지
구분해서 써야 합니다!

3주

4주

15일 누가/무엇을 중에 잘생긴 것은? 82

16일 동사를 한 번 더 쓰고 싶다면? 86

17일 'to부정사'가 어려웠던 이유는? 90

18일 영어는 '~에서'가 여러가지? 94

19일 go뒤에 to가 나온 이유는? 98

20일 will이 미래가 아니라니? 102

21일 '과거 조동사'는 과거가 아니라고? 106

3주 정리 110

22일 because가 '왜냐하면'이 아니라고? 114

23일 doesn't likes가 틀린 이유는? 118

24일 am not은 왜 줄여쓰지 않을까? 122

25일 do와 be가 조동사라고? 126

26일 단어 순서로 물어본다고? 130

27일 how는 '얼마나'일까, '어떻게'일까? 134

28일 '누가/무엇을'이 사라진 이유는? 138

4주 정리 142

8 is와 are의 차이는?

'누가'에 따라 '한다(be동사)'가 바뀐다!

'누가'가 한 개면
It is my friend.
일   이즈   마이   프렌드
그것은 상태/모습이다 나의   친구인

무료강의

'누가'가 여러 개면
They are my friends.
데이   얼   마이   프렌즈
그들은   상태/모습이다   나의   친구들인

'누가'가 나와 너를 제외한 한 명(문법 용어로 3인칭 단수)일 때,
'동사(한다)'에 's'를 붙인 것처럼,
be동사에서 나와 너를 제외한 한 명(he, she, it)은 is를 쓴다.

위의 예문에서는 누가가 it(그것)이어서 is를 썼다(It is my friend).
누가가 그녀(she)이면 She is my friend.

누가가 여러 명이면 are를 쓴다.
누가가 그들(they)이면 They are my friends.
누가가 우리(we)면 We are friends.

'대명사+be동사'는 주로 줄여 쓴다.
    It is my friend. = It's my friend. 그것은 나의 친구들이다.
    They are my friends. = They're my friends. 그들은 나의 친구들이다.

'일반명사+be동사'는 주로 줄여 쓰지 않는다.
    Children're my friends. X
    Children are my friends. O 아이들은 나의 친구들이다.

+ 앞서(p.42) 나온 너(you)에 are를 쓰는 이유는
  you가 너희'들'을 일컬을 때도 있기 때문이다.

한글 문장을 영어 어순의 영어식 한글문장으로 고쳐보자!

그것은 나의 친구인 상태/모습이다.

그것은 상태/모습이다 나의 친구인.
누가   상태/모습이다   어떤

1 그것은 너의 잘못인 상태/모습이다.

_____ _____ _____.
  누가   상태/모습   어떤

생활1 18단원 (151)

2 오늘은 내일인 상태/모습이다.

_____ _____ _____.
  누가   상태/모습   어떤

사랑의 블랙홀 필 코너 영화1 3단원 (1)

3 우리는 쌍둥이들인 상태/모습이다.

_____ _____ _____.
  누가   상태/모습   어떤

생활1 6단원 (45)

4 아이들은 선물들인 상태/모습이다.

_____.

위기의 주부들 1-14 나레이션(매리) 미드1 7단원 (353)

5 너의 엄마가 나의 집인 상태/모습이다.

_____.

노트북 노아 영화1 3단원 (3)

정답 1 그것은 상태/모습이다 너의 잘못인 2 오늘은 상태/모습이다 내일인 3 우리는 상태/모습이다 쌍둥이들인 4 아이들은 상태/모습이다 선물들인 5 너의 엄마가 상태/모습이다 나의 집인

단어와 발음을 익혀보자!

1. are
[ər] ar알얼 e에이이어이∅
상태/모습이다
(너/여러명일 때)

2. children
[tʃildrən] ch취이아이 r르 d드은 r루얼 e에이이어이∅ n느은
아이들

3. fault
[fɔːlt] f프읖 a아어애에이 u우유어∅ r르을 t트읕취
잘못

4. gift
[gift] g그윽 i이아이 f프읖 t트읕취
선물

5. home
[houm] h호 o어오우우 m므음 e에이이어이∅
집

6. is
[iz] i이아이 s스쓰즈
상태/모습이다
(그/그녀/한 명/한 개일 때)

7. it's
[its] i이아이 t트읕취 s스쓰즈
그것은 상태/모습이다
(= it is)

8. mother
[mʌðər] m므음 o어오우우 th드뜨 er얼
어머니

9. today
[tu'dei] t트읕취 o어오우우 d드은 a아어애에이 y이아이∅
오늘

10. tomorrow
[tumərou] t트읕취 o어오우우 m므음 o어오우우 rr루얼 o어오우우 w우∅(예외)
내일

11. twins
[twinz] t트읕취 w우 i이아이 n느은 s스쓰즈
쌍둥이들

12. we're
[wiər] w우 e에이이어이∅ re얼리레
우리는 상태/모습이다
(= we are)

한글 문장을 영어 문장으로 고쳐보자!

그것은 나의 친구인 상태/모습이다.

It is my friend.
누가 — 상태/모습이다 — 어떤

1 그것은 너의 잘못인 상태/모습이다.

_____누가+상태/모습_____ _____어떤_____.

장면 책임을 전가하고 싶을 때

2 오늘은 내일인 상태/모습이다.

____누가____ ____상태/모습____ ____어떤____.

장면 오늘만 반복되다가 내일이 됐을 때.

3 우리는 쌍둥이들인 상태/모습이다.

____누가+상태/모습____ _____어떤_____.

장면 고령 출산과 인공수정으로 어린이집에 한 쌍은 꼭 있는.

4 아이들은 선물들인 상태/모습이다.

_____.

장면 신께서 주신 선물이다. 문법 child가 여럿이면 childs가 아니라 children

5 너의 엄마가 나의 집인 상태/모습이다.

_____.

장면 가족들이 기억상실증에 걸린 엄마를 떠나라고 하자.

정답 **1** It's your fault **2** Today is tomorrow **3** We're twins **4** Children are gifts **5** Your mother is my home

9
오는 '중인'을 표현하려면?

몇 분~몇 시간의 일시적인 상태나 모습을 말할 때!

무료강의

온다 = come
컴

오는 중인 = coming
커밍

Winter is coming
윈털   이즈   커밍
겨울은 상태/모습이다 오는 중인

'~하는 중인'을 나타내려면,
'한다(동사)' 뒤에 ing를 붙이면 된다.

'온다'는 come이지만, '오는 중인'은 coming이다.
'지루하게 하다'는 bore지만, '지루하게 하는 중인'은 boring이다.

'오는 중인'과 '지루하게 하는 중인'은 '형용사'이다.
'형용사'란 '어떤 사람, 어떤 물건'에서 '어떤'을 말하며,
사람이나 물건을 꾸미는 말이다.
한글로 해석했을 때 주로 단어 끝의
'ㄴ' 받침으로 표현한다(잘생긴, 키큰, 행복한, 오는 중인).

형용사 여부를 알려면
단어 뒤에 '~사람/~물건'을 붙여서 읽어보면 알 수 있다.
'빠른(형용사) 사람'은 자연스럽지만
'빠르게(부사) 사람'은 자연스럽지 않다.

+ 앞서 나온 것처럼(p.42)
    대명사(I, you, he, she) 뒤의 be동사는 주로 줄여쓰지만,
    대명사가 아닌 대부분의 명사는 보통 줄여쓰지 않는다.
    mouth's X / mouth is O
    toilet's X / toilet is O

한글 문장을 영어 어순의 영어식 한글문장으로 고쳐보자!

겨울은   오는 중인   상태/모습이다.

겨울은   상태/모습이다   오는 중인.
  누가   상태/모습이다   어떤

그것은 지루하게 하는 중인 상태/모습이다.
___누가___ ___상태/모습___ ___어떤___.
유럽 4단원 (5)

그 화장실은 넘쳐 흐르는 중인 상태/모습이다.
___누가___ ___상태/모습___ ___어떤___.
생활1 37단원 (315)

나의 입은 물(침)이 나오는 중인 상태/모습이다.
___누가___ ___상태/모습___ ___어떤___.
생활1 37단원 (310)

영어는 지치게 하는 중인 상태/모습이다.
_____.
생활1 41단원 (345)

그는 바꾸는 중인 상태/모습이다.
_____.
블라인드 사이드 리 앤 투오이 영화1 8단원 (3)

정답 1 그것은 상태/모습이다 지루하게 하는 중인 **2** 그 화장실은 상태/모습이다 넘쳐 흐르는 중인 **3** 나의 입은 상태/모습이다 물이 나오는 중인 **4** 영어는 상태/모습이다 지치게 하는 중인 **5** 그는 상태/모습이다 바꾸는 중인

단어와 발음을 익혀보자!

1 boring 지루하게 하는 중인
[bɔːriŋ] b브읍 or 오얼얼 i 이아이 ng응

2 changing 바꾸는 중인
[tʃeindʒiŋ] ch취 a아어애에이 n느은 g그윽쥐(ge) i 이아이 ng응

3 coming 오는 중인
[kʌmiŋ] c크윽쓰 o어오우우 m므음 i 이아이 ng응

4 English 영어
[iŋgliʃ] e에이어이 ∅ ng응(그) l ㄹ을 i 이아이 sh쉬

5 mine 나의 것
[main] m므음 i 이아이 n느은 e에이어이 ∅

6 overflowing 넘쳐 흐르는 중인
[əuvərˈfləuiŋ] o어오우우 v브읍 er얼 f프읖 l ㄹ을 o어오우우 w우 ∅ i 이아이 ng응

7 mouth 입
[mauθ] m므음 o어오우우아(예외) u우유어 ∅ th드 뜨

8 tiring 지치게 하는 중인
[taiəriŋ] t트을취 i 이아이 r루 얼 i 이아이 ng응

9 toilet 화장실, 변기
[toilit] t트을취 o어오우우오(예외) i 이아이 르 l e에이어이 ∅ t트을취

10 watering 물을 주는 중인
[wɔːtəriŋ] w우 a아어애에이 t트을취 er얼 i 이아이 ng응

11 winter 겨울
[wintər] w우 i 이아이 n느은 t트을취 er얼

한글 문장을 영어 문장으로 고쳐보자!

겨울은   오는 중인   상태/모습이다.

Winter   is   coming.
  누가   상태/모습이다   어떤

그것은 지루하게 하는 중인 상태/모습이다.

_____누가+상태/모습_____어떤_____.
장면 뮌헨(독일)의 마리엔 광장에 있는 시계탑의 인형극에는 반전이 없었다.

그 화장실은 넘쳐 흐르는 중인 상태/모습이다.

_____누가_____상태/모습_____어떤_____.
장면 얼마나 큰 똥을 쌌길래.

나의 입은 물(침)이 나오는 중인 상태/모습이다.

_____누가_____상태/모습_____어떤_____.
장면 맛있는 음식을 봤을 때 침이 고이면.

영어는 나를 지치게 하는 중인 상태/모습이다.

_____ me.
장면 지금 내가 지치는 이유는 영어 공부를 하고 있어서?

그는 나(의 것들)를 바꾸는 중인 상태/모습이다.

_____ mine.
장면 상류층 부인들의 모임에서, 친구들이 그 아이(양자)의 인생을 바꿨다고 하자.

정답 1 It's boring 2 The toilet is overflowing 3 My mouth is watering
4 English is tiring 5 He's changing (=He is changing mine)

be(am/are/is)+동사ing를 하나의 '한다'로 여긴다!

10
진행형에
be동사를
쓰는
이유는?

무료강의

tiring은 '지치게 하는 중인'을 의미하는 형용사이다.

English is tiring me는
일시적인(몇 분~몇 시간) 상태에 시선을 두고
'상태'에 대해 말하므로 be동사(is)를 같이 쓴다.
뜻은 '영어가 (일시적으로) 나를 피곤하게 한다'이다.

의미상 is tiring을 하나의 '한다(동사)'로 여기면
누가(English)-한다(is tiring)-무엇을(me)의 구조로 볼 수도 있다.

만약 English tires me를 쓰면,
몇 분~몇 시간에 시선을 두고 하는 말이 아니라,
짧게는 몇 개월, 길게는 몇 년~평생에 걸쳐서,
주기적으로 하는 일,
또는 '진리'나 '정의'에 대해 말할 때 쓴다.
    English is tiring me. 영어는 나를 (일시적으로) 지치게 하는 중이다.
    English tires me. 영어는 (평소/항상) 나를 지치게 한다.

한글 문장을 영어 어순의 영어식 한글문장으로 고쳐보자!

영어는 [나를] 지치게 하는 중인 상태/모습이다.

영어는 상태/모습이다 지치게 하는 중인 [나를].
누가   한다(상태/모습이다+어떤)   [무엇을]

그는 [나의 것을] 바꾸는 중인 상태/모습이다.

___누가___ ___상태/모습___ ___어떤___ [___무엇을___].

블라인드 사이드 리 앤 투오이 영화1 8단원 (3)

그는 [어떤 것을] 잃어버리는 중인 상태/모습이다.

___누가___ ___상태/모습___ ___어떤___ [___무엇을___].

가십걸 1-10 나레이션 미드2 3단원 2 (623)

너는 [실수들을] 만드는 중인 상태/모습이다.

___누가___ ___상태/모습___ ___어떤___ [___무엇을___].

닐 게이먼 명언 7주 (45)

너는 [너 자신을] 창피하게 하는 중인 상태/모습이다.

_____ _____ _____ [_____].

심슨 8-15 마지 미드2 4단원 (656)

그녀는 [나의 문자 메시지들을] 무시하는 중인 상태/모습이다.

_____ _____ _____ [_____].

생활1 37단원 (319)

정답 1 그는 상태/모습이다 바꾸는 중인 [나의 것을] **2** 그는 상태/모습이다 잃어버리는 중인 [어떤 것을]
3 너는 상태/모습이다 만드는 중인 [실수들을] **4** 너는 상태/모습이다 창피하게 만드는 중인 [너 자신을]
5 그녀는 상태/모습이다 무시하는 중인 [나의 문자 메시지들을]

단어와 발음을 익혀보자!

1 changing 바꾸는 중인
[tʃeindʒiŋ] ch취 a아어애에이 n느은 g그윽쥐(ge) i이아이 ng응

2 embarrassing 창피하게 하는 중인
[imˈbærəsiŋ] e에이어이 Ø m므음 b브은 a아어애에이 rr루얼 a어 ss쓰스쯔 i이아이 ng응

3 English 영어
[iŋgliʃ] e에이어이 Ø ng응(그) l르을 i이아이 sh쉬

4 ignoring 무시하는 중인
[igˈnɔːriŋ] i이아이 g그윽 n느은 or오얼얼 i이아이 ng응

5 losing 잃어버리는 중인
[luːziŋ] l르을 o어오우우 s스쓰즈 i이아이 ng응

6 making 만드는 중인
[meikiŋ] m므음 a아어애에이 k크윽 i이아이 ng응

7 mistake 실수
[miˈsteik] m므음 i이아이 s스쓰즈 t트을취 a아어애에이 k크윽(ㅋ) e에이어이 Ø

8 message 메시지
[mesidʒ] m므음 e에이어이 Ø ss스쓰즈 a아어애에이 (예외) ge게쥐

9 mine 나의 것
[main] m므음 i이아이 n느은 e에이어이 Ø

10 something 어떤 것
[sʌmθiŋ] s스쓰즈 o어오우우 m므음 e에이어이 Ø th드뜨 i이아이 ng응

11 text 문자, 글
[tekst] t트을취 e에이어이 Ø x즈윽쓰윽즈 t트을취

12 tiring 지치게 하는 중인
[taiəriŋ] t트을취 i이아이 r루얼 i이아이 ng응

13 yourself 너 자신을
[jourˈself] y이아이 o어 o오우우 u우유어 Ø r루얼 s스쓰즈 e에이어이 Ø l르을 f프읖(프)

한글 문장을 영어 문장으로 고쳐보자!

영어는 [나를] 지치게 하는 중인 상태/모습이다.

English   is tiring   me.
누가   한다(상태/모습이다+어떤)   [무엇을]

1 그는 [나의 것을] 바꾸는 중인 상태/모습이다.

___누가+상태/모습___ ___어떤___ [___무엇을___].

장면 상류층 부인들의 모임에서 친구들이 그 아이(양자)의 인생을 바꿨다고 하자.

2 그는 [어떤 것을] 잃어버리는 중인 상태/모습이다.

___누가+상태/모습___ ___어떤___ [___무엇을___].

장면 그 어떤 것은 바로 그(쳑)의 마음.

3 너는 [실수들을] 만드는 중인 상태/모습이다.

___누가+상태/모습___ ___어떤___ [___무엇을___].

장면 당신이 적어도 뭔가를 하고 있다는 증거이므로 실수는 좋은 것이다.

4 너는 [너 자신을] 창피하게 하는 중인 상태/모습이다.

_____ _____ [_____].

장면 호머가 게이는 잘못된 것이라고 하자.

5 그녀는 [나의 문자 메시지들을] 무시하는 중인 상태/모습이다.

_____ _____ [_____].

장면 날 싫어하는 것일까? 아니면 밀당(밀고 당기기)일까?

정답 1 He's changing mine 2 He's losing something 3 You're making mistakes
4 You're embarrassing yourself 5 She's ignoring my text messages

11

'과거의 나'는
왜 3인칭일까?

과거의 상태나 모습을 말할 때 하나는 was, 여러개면 were를 쓴다.

'누가'가 한 개면

I was wrong.
아이　워즈　　　롱
나는 상태/모습이었다　틀린

무료강의

'누가'가 여러 개면

They were wrong.
데이　　월　　　롱
그들은　상태/모습이었다　틀린

한국어에서 과거의 상태/모습을 말할 때,
'~이다'가 '~이었다'로 바뀌듯,
영어에서도 be동사가 바뀐다.

한 명일 때 쓰는 is는 was로 바뀌고,
　　He was wrong. 그는 틀렸었다.

여러 명일 때 쓰는 are는 were로 바뀐다.
　　We were wrong. 우리는 틀렸었다.

다만 과거의 I는 현재와 다른 누군가(3인칭)로 취급해서 was를 쓴다.
　　I was wrong. 나는 틀렸었다.

I was wrong은 내가 과거에 틀렸다는 것을 의미할 뿐,
현재도 틀린지 안 틀린지는 알 수 없다.

다만, 과거에는 그게 옳다고 믿었지만,
현재는 생각이 바뀌어
그 때 틀렸었다는 것을 의미하는 경우가 많다.

한글 문장을 영어 어순의 영어식 한글문장으로 고쳐보자!

그들은 틀린 상태/모습이었다.

그들은 상태/모습이었다 틀린.
  누가   상태/모습이다   어떤

1 나는 틀린 상태/모습이었다.

　　　누가　　　　상태/모습　　　　어떤　　　.
엑스파일 1-23 스컬리 미드1 6단원 5 (288)

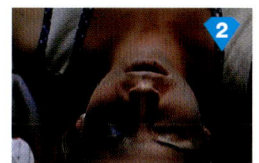

2 너는 옳은 상태/모습이었다.

　　　누가　　　　상태/모습　　　　어떤　　　.
소년은 울지 않는다 티나 브랜든 영화1 4단원 (7)

3 그는 나의 운명인 상태/모습이었다.

　　　누가　　　　상태/모습　　　　어떤　　　.
가십걸 2-20 블레어 미드1 6단원 5 (290)

4 그것은 나의 기쁨인 상태/모습이었다.

　　　　　　　　　　　　　　　　　　　　　.
생활1 21단원 (179)

5 그 영화는 환상적인 상태/모습이었다.

　　　　　　　　　　　　　　　　　　　　　.
생활1 21단원 (176)

정답 1 나는 상태/모습이었다 틀린 2 너는 상태/모습이었다 옳은 3 그는 상태/모습이었다 나의 운명인 4 그것은 상태/모습이었다 나의 기쁨인 5 그 영화는 상태/모습이었다 환상적인

단어와 발음을 익혀보자!

2시간에 끝내는 한글영어 발음천사 p.78 p.79

알파벳 **에이**
발음기호 [**아**]

어 [ə] 약하게 소리나면 주로 '어'로 소리난다. 다른 모음도 약하게 소리나면 다 '어'로 발음된다.
wa**s** [wəz] 워즈

아 [a] 약하게 소리나면 가끔 '아'로 발음된다.
c**a**r [kar] 칼 f**a**ther [faðər] 파덜

애 [æ] 강하게 소리날 때 자주 '애'로 소리난다.
f**a**ntastic [fæntæstik] 팬태스틱 pl**a**n [plæn] 플랜

에이 [ei] 강하게 소리날 때 자주 '에이'로 소리난다.
h**a**te [heit] 헤잍(트) m**a**ke [meik] 메잌(크)

---

1 **destiny** — 운명
[destəni] d드을e에이이어이Øs스쓰즈t트을취i이아이n느은y이아이

2 **fantastic** — 환상적인
[fæn'tæstik] f프윰a아어애에이n느은t트을취a애s스쓰즈t트을취i이아이c크읔(크)

3 **movie** — 영화
[muːvi] m므음o어오우우v브읍i이아이e에이이어이Ø

4 **pleasure** — 기쁨
[pleʒər] p프윺l르을ea에이이s스쓰즈쥐(예외)u오우유어r루얼e에이이어이Ø

5 **right** — 옳은
[rait] r루얼i이아이gh그Ø프t트읕(트)취

6 **was** — 상태/모습이었다
(한 명일 때)
[wəz] w우a어애에이s스쓰즈

7 **were** — 상태/모습이었다
(여러 명일 때)
[wər] w우er얼e에이이어이Ø

한글 문장을 영어 문장으로 고쳐보자!

그들은 틀린 상태/모습이었다.

They were wrong.
누가   상태/모습이다   어떤

1. 나는 틀린 상태/모습이었다.

   _____ _____ _____.
    누가   상태/모습   어떤

   장면 외계 물질임이 밝혀졌을 때, 외계 생명체를 부인하던 스컬리가

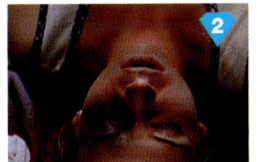

2. 너는 옳은 상태/모습이었다.

   _____ _____ _____.
    누가   상태/모습   어떤

   장면 죽기 전 라나에게 쓴 편지에서

3. 그는 나의 운명인 상태/모습이었다.

   _____ _____ _____.
    누가   상태/모습   어떤

   장면 어린 시절부터 단지 친구로 지내왔지만, 알고 보니 나의 운명이야.

4. 그것은 저의 기쁨인 상태/모습이었다.

   _____ _____ _____.

   장면 Thank you에 화답해서 작업을 걸어 대답하고 싶다면

5. 그 영화는 환상적인 상태/모습이었다.

   _____ _____ _____.

   장면 4시간에 끝내는 영화영작에 담긴 내 인생 최고의 영화!

정답 1 I was wrong 2 You were right 3 He was my destiny 4 It was my pleasure 5 The movie was fantastic

12 '한다'를 '했다'로 바꾸려면?

'한다+ed'의 두가지 뜻 중 하나는 과거에 '~했다'를 의미한다.

무료강의

누가-했다-무엇을
I killed a man.

아이	킬드	어	맨
나는	죽였다	한	남자를

한국어에서 과거의 행동을 말할 때 '~한다'가 '~했다'로 바뀌듯, 영어에서도 '한다(동사, 더 정확히는 일반동사)'가 바뀐다. '한다' 뒤에 ed를 붙여서 나타낸다.

  kill 죽이다 → killed 죽였다
  fear 무서워하다 → feared 무서워했다

e로 끝나면 ed를 붙이면 발음이 달라지므로 d만 붙인다
  save 구하다 → saved 구했다

'자음+y'로 끝나면 y를 i로 고치고 ed를 붙인다
  study 공부하다 → studied 공부했다

'단모음+단자음'으로 끝나면 자음을 하나 더 붙이고 ed를 붙인다.
  plan 계획하다 → planned 계획했다

일부 많이 쓰는 동사들은 규칙과 상관없이 다양하게 변한다(p.148).
  say 말하다 → said 말했다

+ '한다ed'는 과거를 의미하기도 하지만, 당한 것(수동)을 의미하기도 한다(p.70).

I killed a man 마이클이 사람을 죽인 사실을 숨겨온 것 때문에. <위기의 주부들 1-16 수잔> 미드1 4단원 5 (178)

한글 문장을 영어 어순의 영어식 한글문장으로 고쳐보자!

나는 한 남자를 죽였다.

나는   죽였다   한 남자를

누가   한다   무엇을

1 그는 나의 형제를 죽였다.

_____누가_____ _____한다_____ _____무엇을_____.

로스트 1-21 새논   미드1 4단원 1 (135)

2 네가 나의 목숨을 구했다.

_____누가_____ _____한다_____ _____무엇을_____.

생활1 23단원 (196)

3 우리는 그 세상을 구했다.

_____누가_____ _____한다_____ _____무엇을_____.

로스트 2-3 데스몬드   미드1 4단원 1 (134)

4 사람들은 전기를 무서워했다.

_____.

빌 게이츠 명언 3주 (19)

5 어제, 너는 내일(한다고)을 말했다.

어제, _____.

나이키 광고 명언 3주 (15)

정답 1 그는 죽였다 나의 형제를 **2** 네가 구했다 나의 목숨을 **3** 우리는 구했다 그 세상을 **4** 사람들은 두려워했다 전기를 **5** 너는 말했다 내일을

단어와 발음을 익혀보자!

1. brother
[brʌðər] b브음 r루얼 o어오우우 th드뜨 er얼

형제

2. electricity
[ilek'trisiti] e에이어이어이 r르을 e에 c크윽쓰 t트을 r루얼 i이아이 c크윽쓰 i이 t트 y이아이

전기

3. feared
[fiərd] f프윾 e에이어이어이 ∅ ar루얼 e에이어이어이 ∅ d드을

무서워했다 (fear의 과거)

4. killed
[kild] k크윽 i이아이 ll르을 e에이어이어이 ∅ d드을

죽였다 (kill의 과거)

5. life
[laif] l르을 i이아이 f프윾 e에이어이어이 ∅

목숨, 삶

6. people
[pi:pl] p프윾 e에이어이어이 ∅ o어오우우 ∅ p프윾 l르을 e에이어이어이 ∅

사람들

7. said
[sed] s스쓰즈 a아어애에이에(예외) i이아이 ∅ d드을

말했다 (say의 과거)

8. saved
[seivd] s스쓰즈 a아어애에이 v브읍 e에이어이어이 ∅ d드을

구했다 (save의 과거)

9. tomorrow
[tuməɾou] t트을취 o어오우우 m므음 o어오우우 rr루얼 o어오우우 w우 ∅

내일

10. world
[wə:rld] w우 or오얼 l르을 d드을

세상

11. yesterday
[jestərdei] y이아이 e에이어이어이 ∅ s스쓰즈 t트을취 er얼 d드을 a아어애에이 y이아이 ∅

어제

한글 문장을 영작 해보자!

나는 한 남자를 죽였다.

I killed a man.
누가 　　한다 　　무엇을

1 그는 나의 형제를 죽였다.

　　누가　　　　한다　　　　무엇을　　　．

장면 사이드가 도와줄 일이 없냐고 묻자, 존로크가 자신의 동생을 죽였다며.

2 네가 나의 목숨을 구했다.

　　누가　　　　한다　　　　무엇을　　　．

장면 힘든 부탁을 들어준 당신에게.

3 우리는 그 세상을 구했다.

　　누가　　　　한다　　　　무엇을　　　．

장면 108분마다 누르지 않으면 큰 일이 날 것 같은 버튼을 누르고 나서.

4 사람들은 전기를 무서워했다.

　　　　　　　　　　　　　　　　．

장면 변화를 선호하는가 두려워하는가?

5 어제, 너는 내일(한다고)을 말했다.

Yesterday, _____.

장면 지금 꼭 하고 싶지만 미루는 일은?

정답 **1** He killed my brother **2** You saved my life **3** We saved the world **4** People feared electricity **5** you said tomorrow

13 be에 수동의 뜻은 없다고?

한다+ed는 '당함'을 뜻한다.

신이 나게 하다: excite

You excite me.
유 익싸잍(트) 미
너는 신나게 한다 나를

무료강의

신나진: excited

I am excited.
아이 앰 익싸이팃(드)
나는 상태/모습이다 신나진

excite는 '신이 나게 하다'이다.
앞서(p.66) 배웠듯 (e)d를 붙이면 과거가 돼서
You excited me는 '너는 나를 신이 나게 했다'를 뜻한다.
이것은 누가(you)-한다(excited)-무엇을(me)에서
'한다'에 쓰였기 때문에(즉, 뒤에 무엇을(me)이 나왔으므로),
과거인 신이 나게 '했'다를 의미하는 것이고,
그 외에는(excited 뒤에 '무엇을'이 없다면) 대부분 '신나진'을 의미한다.

+ be동사에 당함(수동)의 의미는 없다.

신나'진'은 형용사이므로 형용사 자리에서 쓰인다.
　　I saw an excited man. 나는 봤다 한 신나진 남자를.
　　한정사(an)와 명사(man)의 사이에 형용사(excited)를 썼다.

+ 형용사 자리는 3곳이다.
　　1. be동사 뒤: I'm happy. 나는 행복하다.
　　2. 한정사와 명사 사이: I'm a happy man. 나는 행복한 남자이다.
　　3. 명사 뒤: I make him happy. 나는 그를 행복하게 만든다.

+ 영어에서 부가적/세부적으로 하고 싶은 말은(부사: 일 년 내에, 마음으로, 어제, 빨리 등),
　'누가-한다-무엇을'이나 '누가-상태/모습-어떤' 이후에 붙는다(p.94).

I'm excited 아내가 생일 선물로 준 공짜 안아주기 쿠폰에 기쁜 척 <모던패밀리 1-8 필> 미드2 3단원 3 (631)

한글 문장을 영어 어순의 영어식 한글문장으로 고쳐보자!

나는   신나진   상태/모습이다.

나는   상태/모습이다   신나진.
누가   상태/모습이다   어떤

1. 너는 해고된 상태/모습이다.

___누가+상태/모습___ ___어떤___.
생활1 40단원 (339)

2. 나의 문자메시지들은 무시된 상태/모습이다.

___누가___ ___상태/모습___ ___어떤___.
생활1 41단원 (349)

3. 너의 전화기는 훔쳐진 상태/모습이다.

___누가___ ___상태/모습___ ___어떤___.
생활1 41단원 (350)

4. 책들은 일 년 내에 잊혀진 상태/모습이다.

_____ 일 년 내에.
에반 에사르 명언 8주 (50)

5. (사랑의) 연결들은 마음으로 만들어진 상태/모습이다.

_____ 마음으로.
C. 조이벨 C. 명언 8주 (52)

정답 1 너는 상태/모습이다 해고된 2 나의 문자메시지들은 상태/모습이다 무시된 3 너의 전화기는 상태/모습이다 훔쳐진 4 책들은 상태/모습이다 잊혀진 5 연결들은 상태/모습이다 만들어진

단어와 발음을 익혀보자!

1 book 책
[buk] b브읍 oo우 k크옥(크)

2 connection 연결
[kəˈnekʃən] c크윽쓰 o어 o오우우 nn느은 e에이어이 ʃc크윽쓰 ti쉬(예외) o어 n느은

3 fired 해고된, 발사된
[faiərd] f프윺 i이아이 re얼리레 d드읃

4 forgotten 잊혀진
[fərgatn] f프윺 or오얼얼 g그윽 o아(예외) tt트읕취 e에이어이 Øn느은

5 heart 마음
[haːrt] h흐 e에이어이 Ø ar알얼 t트읕취

6 ignored 무시된
[igˈnɔːrd] i이아이 g그윽 n느은 or오얼얼 e에이어이 Ød드읃

7 made 만들어진
[meid] m므음 a아어애에이 d드읃 e에이어이 Ø

8 message 메시지
[mesidʒ] m므음 e에이어이 Ø ss스쓰즈 a아어애에이(예외) ge게쥐

9 phone 전화기
[foun] ph프 o어 o오우우 n느은 e에이어이 Ø

10 stolen 훔쳐진
[stoulən] s스쓰즈 t트읕취 o어 o오우우 l르을 e에이어이 Øn느은

11 text 글, 문자
[tekst] t트읕취 e에이어이 Ø x즈윽쓰윽즈 t트읕취

12 within ~이내에
[wiˈðin] w우이아이 th드뜨 i이아이 n느은

13 year 년 (시간의 단위)
[jiər] y이아이 e에이어이 Ø ar얼

한글 문장을 영어 문장으로 고쳐보자!

나는 신나진 상태/모습이다.

I am excited.
누가 / 상태/모습이다 / 어떤

1. 너는 해고된 상태/모습이다.

_____누가+상태/모습_____ _____어떤_____.

장면 총에 맞은 것처럼 아픈 이유는

2. 나의 문자메시지들은 무시된 상태/모습이다.

_____누가_____ _____상태/모습_____ _____어떤_____.

장면 아직까지 답장 없는 그녀

3. 너의 전화기는 훔쳐진 상태/모습이다.

_____누가_____ _____상태/모습_____ _____어떤_____.

장면 지하철에서 나가려는데, 너의 뒷주머니에서

4. 책들은 일 년 내에 잊혀진 상태/모습이다.

_____ within a year.

장면 특히 책을 빌려보는 사람들에게서는

5. (사랑의) 연결들은 마음으로 만들어진 상태/모습이다.

_____ with the heart.

장면 혀(말)가 아니라.

정답 1 You're fired 2 My text messages are ignored 3 Your phone is stolen
4 Books are forgotten 5 Connections are made

14
'먹다'와 '먹이다'는 다른 문장을 만든다고?

'한다'와 '무엇을' 사이에 '누구에게'를 쓸 수 있다!

무료강의

누가-한다-[누구에게]-무엇을
I feed [a bird] rice.
아이   피드   어   벌드   라이쓰
나는   먹인다   한   새에게   쌀을

영어는 '누가-한다-무엇을' 순서로 단어가 나열되야 하는데, '누구에게' 그 행동을 하는 지 궁금하게 하는 뜻의 '한다(동사)'는 '한다'와 '무엇을' 사이에 '누구에게'가 들어갈 수도 있다.

'누구에게' 먹여주는지(feed)는 '누구에게'가 궁금하기에, 한다(feed)와 무엇을(rice)사이에 누구에게(a bird)를 쓸 수 있다. 반면에 '누구에게' 먹는지(eat)라는 말은 어색하기에 쓰지 않는다.
    I feed a bird rice. O 나는 한 새에게 쌀을 먹인다.
    I eat a bird rice. X 나는 한 새를 먹는다 밥.

+ 주제문에서 무엇을(a bird)를 빼고 써도 된다.
    I feed rice (to a bird). O 나는 (한 새에게) 쌀을 먹인다.

이런 구조(4형식)로 쓸 수 있는 동사로 이런 것이 있다.
    ask 묻다   bring 가져오다   buy 사주다   find 찾아주다   feed 먹이다
    get 생기다   give 주다   inform 알리다   lend 빌려주다
    offer 제공하다   send 보내다   show 보여주다   tell 말해주다

일부 '한다(동사)'는 '누구에게' 하는지 궁금해도 위의 구조로 못 쓴다. 일단은 위에서 제시한 동사들을 제외하고(외워야 한다) 대부분은 전치사(p.94)와 함께 써야 한다.
    He provides me a book. X
    He provides me with a book. O 그는 나에게 한 책을 제공한다

한글 문장을 영어 어순의 영어식 한글문장으로 고쳐보자!

나는 [한 새에게] 쌀을 먹인다.

나는 먹인다 [한 새에게] 쌀을.
누가   한다   [누구에게]   무엇을

1. 나는 [너에게] 한 번을 빚진다.

　누가　　한다　[　누구에게　]　무엇을　　.

생활1 31단원 (263)

2. 나는 [너에게] 행운(이 있기)을 바란다.

　누가　　한다　[　누구에게　]　무엇을　　.

생활1 31단원 (264)

3. 너는 [나에게] 그 진실을 말했다.

　누가　　한다　[　누구에게　]　무엇을　　.

엑스파일 7-2 멀더 미드2 5단원 4 (730)

4. 일은 [너에게] (삶의) 의미를 준다.

　　　　　　　[　　　　　]　　　　　　.

스티븐 호킹 명언 13주 (89)

5. 그것은 [나에게] 어떤 것을 준다.

　　　　　　　[　　　　　]　　　　　　.

체인질링 크리스틴 콜린스 영화1 15단원 (3)

정답 1 나는 빚진다 [너에게] 한 번을 2 나는 바란다 [너에게] 행운을 3 너는 말했다 [나에게] 그 진실을
4 일은 준다 [너에게] 의미를 5 그것은 준다 [나에게] 어떤 것을

75

1 2 3 4
문법 한글작문 단어발음 영어작문

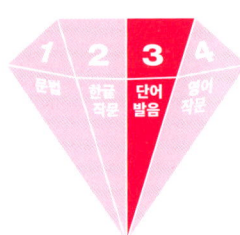

단어와 발음을 익혀보자!

1 **bird** 새
[bə:rd]b브읍ir얼d드은

2 **feed** 먹이다
[fi:d]f프읖ee이이d드은

3 **give** 주다
[giv]g그윽i이아이v브읍(브)e에이이어이Ø

4 **good** 좋은
[gud]g그윽oo우d드읃(드)

5 **luck** 운
[lʌk]l르을u우유어ck크윽(크)

6 **meaning** 의미
[mi:niŋ]m므음ea에이이n느은i이아이ng응

7 **one** 한 번, 한 개, 한 명
[wʌn]o어오우우워(예외)n느은e에이이어이Ø

8 **owe** 빚지다
[ou]o어오우우w우Øe에이이어이Ø

9 **something** 어떤 것
[sʌmθiŋ]s스쓰즈o어오우우m므음e에이이어이Øth드뜨i이아이ng응

10 **told** 말했다 (tell의 과거)
[tould]t트읕취o어오우우l르을d드은

11 **truth** 진실
[tru:θ]t트읕취r루얼u우유어th드뜨

12 **wish** 바라다
[wiʃ]w우i이아이sh쉬

13 **work** 일
[wə:rk]w우or오얼얼k크윽(크)

한글 문장을 영작 해보자!

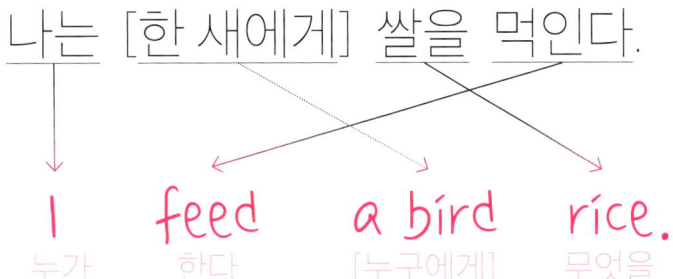

나는 [한 새에게] 쌀을 먹인다.

I   feed   a bird   rice.
누가   한다   [누구에게]   무엇을

1 나는 [너에게] 한 번을 빚진다.

___누가___ ___한다___ [__누구에게__] __무엇을__ .

장면 고맙다고 하기에 미안할 정도로 큰 도움을 받았을 때, 언젠간 갚겠다는 뜻

2 나는 [너에게] 행운(이 있기)을 바란다.

___누가___ ___한다___ [__누구에게__] __무엇을__ .

장면 행운을 빌어보자.

3 너는 [나에게] 그 진실을 말했다. (과거)

___누가___ ___한다___ [__누구에게__] __무엇을__ .

장면 뇌사에서 깨어난 멀더가 스컬리에게.

4 일은 [너에게] (삶의) 의미를 준다.

_____ _____ [_____] _____ .

장면 삶은 일이 없으면 공허하므로 절대로 일을 포기하지 마라.

5 그것은 [나에게] 어떤 것을 준다.

_____ _____ [_____] _____ .

장면 그것은 아들을 찾을 수도 있다는 '희망'이에요.

정답 1 I owe [you] one **2** I wish [you] good luck **3** You told [me] the truth
4 Work gives [you] meaning **5** It gives [me] something

문법 괄호에 알맞은 말을 써 보세요.

8일 '상태나 모습'에 대해 설명할 때 누가가 I나 you를 제외한 한 명일 때 be동사는 (   )를 쓰고, 여러 명일 때는 (   )를 쓴다.

9일 동사에 (   )를 붙이면 '~하는 중인'을 의미한다.

10일 English is tiring me에서 is tiring을 하나의 (   )로 여기면 (   )-(   )-(   )의 구조로 생각할 수 있다.

11일 과거의 '상태나 모습'에 대해 말할 때 '누가(주어)'가 한 개면 be동사는 (   )를 쓰고, 여러 개면 (   )를 쓴다.

12일 과거의 행동을 말할 때 동사(한다)바로 뒤에 (   )를 써서 나타낸다.

13일 과거동사(한다)뒤에 목적어(무엇을)를 쓰면, 뜻은 과거(   )를 의미하지만, '무엇을'이 없거나, be동사 뒤에 과거동사를 쓰면 수동(   )를 의미한다.

14일 '먹이다'는 (   )에게 그 행동을 하는 지 궁금해지므로, (   )와 (   )사이에 (   )에게가 들어갈 수 있다.

어휘 영어 단어에 알맞은 뜻을 써 보세요.

1 destiny :
2 embarrassing :
3 fault :
4 feed :
5 forgotten :
6 ignoring :
7 mistake :

8 overflowing :
9 owe :
10 text :
11 toilet :
12 truth :
13 twin :
14 within :

작문 그림을 보고 영어로 말하세요.
어렵다면 영어로 써본 뒤 말하거나 건너 뜁니다.

8일
p.50
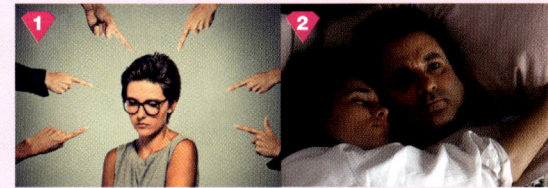

9일
p.54

10일
p.58

11일
p.62

12일
p.66

13일
p.70

14일
p.74

정답

무료강의

문법
8일 is, are
9일 ing
10일 한다(동사),
누가, 한다, 무엇을
11일 was, were
12일 ed
13일 ~했다, ~되어진
14일 누구,
한다, 무엇을, 누구

어휘
1 운명　　8 넘치는 중인
2 창피하게　9 빚지다
　하는 중인
3 잘못　　10 문자, 글
4 먹이다　11 화장실
5 잊혀진　12 진실
6 무시하는 중인 13 쌍둥이
7 실수　　14 ~이내에

작문
8일 1 It's your fault.
　　　 2 Today is tomorrow.

9일 1 It's boring.
　　　 2 The toilet is overflowing.

10일 1 He's changing mine.
　　　　2 He's losing something.

11일 1 I was wrong.
　　　　2 You were right.

12일 1 He killed my brother.
　　　　2 You saved my life.

13일 1 You're fired.
　　　　2 My text messages are
　　　　　ignored.

14일 1 I owe [you] one.
　　　　2 I wish [you] good luck.

4주완

1일 단어에 a가 붙는 이유는? 18

2일 밥을 셀 수 없는 이유는? 22

3일 I you see는 내가 보는 걸까, 네가 보는 걸까? 26

4일 a Moon/the Moon 옳은 것은? 30

5일 누구의 것인지 밝히려면? 34

6일 love 대신 loves를 쓰는 이유는? 38

7일 you는 한 명인데 왜 are를 쓸까? 42

1주 정리 46

8일 is와 are의 차이는? 50

9일 오는 '중인'을 표현하려면? 54

10일 진행형에 be동사를 쓰는 이유는? 58

11일 '과거의 나'는 왜 3인칭일까? 62

12일 '한다'를 '했다'로 바꾸려면? 66

13일 be에 수동의 뜻은 없다고? 70

14일 '먹다'와 '먹이다'는 다른 문장을 만든다고?

2주 정리 78

성
단어에서 문장으로
단계별로 단단하게
기초영어공부
혼자하기

**꼼꼼하게 한 번 보지 말고
대충 여러번 보세요.**

15일 누가/무엇을 중에 잘생긴 것은? 82

16일 동사를 한 번 더 쓰고 싶다면? 86

17일 'to부정사'가 어려웠던 이유는? 90

18일 영어는 '~에서'가 여러가지? 94

19일 go뒤에 to가 나온 이유는? 98

20일 will이 미래가 아니라니? 102

21일 '과거 조동사'는 과거가 아니라고? 106

3주 정리 110

22일 because가 '왜냐하면'이 아니라고? 114

23일 doesn't likes가 틀린 이유는? 118

24일 am not은 왜 줄여쓰지 않을까? 122

25일 do와 be가 조동사라고? 126

26일 단어 순서로 물어본다고? 130

27일 how는 '얼마나'일까, '어떻게'일까? 134

28일 '누가/무엇을'이 사라진 이유는? 138

4주 정리 142

'무엇을'의 상태/모습을 나타내는 '어떻게'가 뒤에 올 수 있다!

무료강의

15 누가/무엇을 중에 잘생긴 것은?

누가-한다-무엇을-어떻게
It makes him handsome.
잍 메잌쓰 힘 핸썸
그것이 만든다 그를 잘생기게

'누가-한다-무엇을' 바로 뒤에
'무엇을'에 대한 추가적인 설명을 궁금하게 하는 '한다(동사)'는
형용사나 명사로 '무엇을'을 설명해줄 수 있다.

주제문에서, him(무엇을)을 어떻게 '만들었는(make)' 지 궁금해지므로,
'무엇을'을 설명하는 형용사(handsome)를 단독으로 쓸 수 있다.
handsome이 him을 '그가 잘 생겼다'고 설명해준다.
   It makes him handsome. 그것은 그를 잘생기게 만든다.

handsome(형용사 p.54) 대신 명사도 쓸 수 있다.
   It makes him a doctor. 그것은 그를 한 의사로 만든다.
 + '어떻게(꾸미는 말, handsome)' 없이 '무엇을'까지만 써도 된다.
   It makes a robot. 그것은 한 로보트를 만든다.

call은 '뭐라고' 불렀는지 추가적인 설명(어떻게)이 궁금하다.
   I call him Mike. 나는 그를 마이크라고 부른다.
keep은 '어떻게' 유지했는지 추가적인 설명(어떻게)이 궁금하다.
   I keep the money safe. 나는 그 돈을 안전하게 유지했다.

위의 구조로 쓸 수 있는 동사로 이런 것들이 있다.
   call 부르다 consider 깊이 생각하다 drive 몰아가다
   elect 뽑다 keep 유지하다 make 만들다

한글 문장을 영어 어순의 영어식 한글문장으로 고쳐보자!

그것이 그를 [잘생기게] 만든다.

그것이 만든다 그를 [잘생기게].
누가   한다   무엇을   어떻게

1 그것은 우리를 [끔찍하게] 만든다.

___누가___ ___한다___ ___무엇을___ [___어떻게___].

글리 2-17 홀리 미드2 6단원 2 (754)

2 그것들이 한 남자를 [살아있게] 유지했다.

___누가___ ___한다___ ___무엇을___ [___어떻게___].

더 록 존 패트릭 메이슨 영화1 15단원 (4)

3 (사람을 죽이는) 기술들은 나를 [한 악몽으로] 만든다.

___누가___ ___한다___ ___무엇을___ [___어떻게___].

테이큰 브라이언 밀스 영화1 15단원 (주제문)

4 그녀는 나를 [미치게] 몰아간다.

_____ _____ _____ [_____].

생활1 33단원 (280)

5 나는 내 머리카락을 [곱슬이 되게] 원한다.

_____ _____ _____ [_____].

생활1 33단원 (285)

정답 1 그것은 만든다 우리를 [끔찍하게] **2** 그것들이 유지했다 한 남자를 [살아있게]
3 기술들은 만든다 나를 [한 악몽으로] **4** 그녀는 몰아간다 나를 [미치게] **5** 나는 원한다 내 머리카락을 [곱슬이 되게]

단어와 발음을 익혀보자!

1. alive [ə'laiv] a아어애에이 l르을 i이아이 v브읍 e에이이어이 Ø — 살아있는

2. crazy [kreizi] c크윽쓰 r루얼 a아어애에이 z즈 y이아이 — 미친

3. drive [draiv] d드읃 r루얼 i이아이 v브읍 e에이이어이 Ø — 몰아가다

4. hair [heər] h흐 a아어애에이에(예외) ir얼 — 머리카락

5. kept [kept] k크윽 e에이이어이 Ø p프읖 t트읃 — 유지했다 (keep의 과거)

6. make [meik] m므음 a아어애에이 k크윽(크) e에이이어이 Ø — 만들다

7. man [mæn] m므음 a아어애에이 n느은 — 성인 남자

8. nightmare [naitmeər] n느은 i이아이 gh그읖 t트읃 m므음 a에(예외) r루얼 e에이이어이 Ø — 악몽

9. permed [pə:rmd] p프읖 er얼 m므음 e에이이어이 Ø d드읃 — 곱슬이 된

10. skill [skil] s스쓰즈 k크윽 i이아이 l르을 — 기술

11. terrible [terəbl] t트읃 e에이이어이 Ø rr루얼 i이아이어(예외) b브읍 l르을 e에이이어이 Ø — 끔찍한

12. us [əs] u우유어 s스쓰즈 — 우리를

13. want [wɔ:nt] w우 a아어애에이 n느은 t트읃 — 원하다

한글 문장을 영작 해보자!

그것이 그를 [잘생기게] 만든다.

It makes him handsome.
누가   한다   무엇을   어떻게

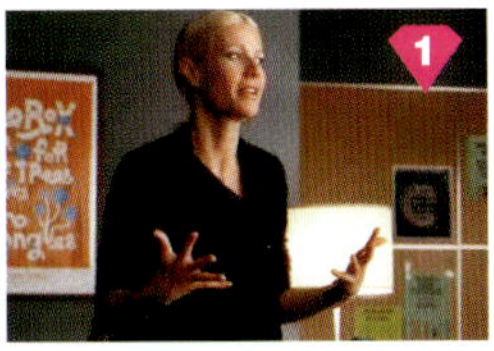

1 그것은 우리를 [끔찍하게] 만든다.

___누가___ ___한다___ ___무엇을___ [___어떻게___].

장면 우리보다 부자에 멋진 사람들은 상대적으로 우리가 끔찍하다고 느끼게 만들지.

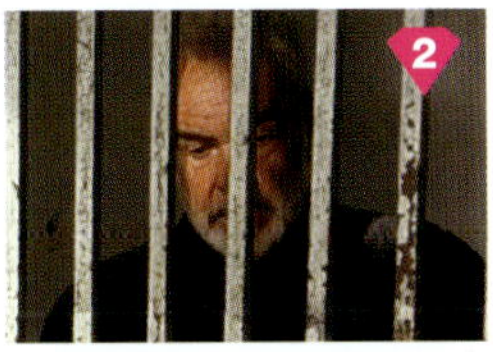

2 그것들이 한 남자를 [살아있게] 유지했다. (과거)

___누가___ ___한다___ ___무엇을___ [___어떻게___].

장면 붙잡힌 뒤 감옥에서 '평범한 소망들(그것들)'에 대해 말하며.

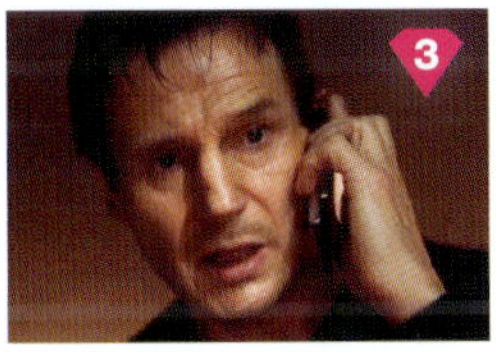

3 (사람을 죽이는) 기술들은 나를 [한 악몽으로] 만든다.

___누가___ ___한다___ ___무엇을___ [___어떻게___].

장면 딸이 납치당한 것을 안 특수요원이 납치범을 협박할 때.

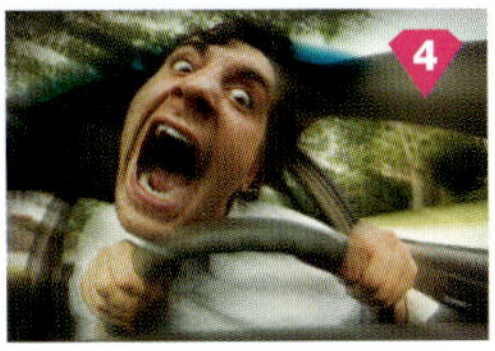

4 그녀는 나를 [미치게] 몰아간다.

_____ [_____].

장면 그녀 덕분에 나의 한계가 어디까지인지 알게 됐다.

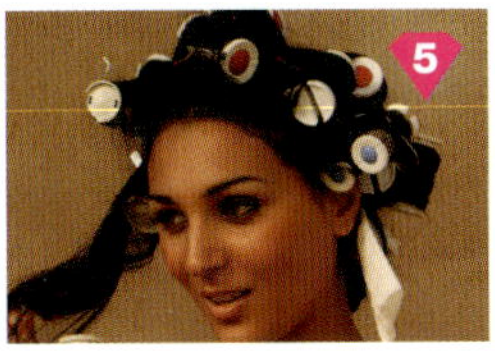

5 나는 내 머리카락을 [곱슬이 되게] 원한다.

_____ [_____].

장면 숱이 없는 머리, 많아 보일 수는 없을까? **문법** 보통은 머리카락을 셀 수 없다.

정답 1 It makes us [terrible]   **2** They kept a man [alive]   **3** Skills make me [a nightmare]
4 She drives me [crazy]   **5** I want my hair [permed]

'to+한다'는 '~하는 것'을 의미한다.

무료강의

I want [to believe it].
아이 원(트) 투 빌립(브) 잍(트)
나는 원한다 믿는 것을 그것을

누가-한다 - [무엇을1 + 무엇을2]

16
동사를
한 번 더
쓰고 싶다면?

이미 동사(want)가 있는데,
또 동사(believe)를 쓰기 위해 동사 앞에 to를 붙인다.
한국어에서 '믿다' 뒤에 '것'을 붙여서 '믿는 것'으로 쓰는 것처럼,
believe(믿다)도 앞에 to를 붙여서 to believe(믿는 것)로 쓴다.
마찬가지로, eat(먹다)를 '먹는 것'으로 바꾸면 to eat,
hurt(아프게 하다)를 '아프게 하는 것'으로 바꾸면 to hurt이다.

to 뒤는 '한다(동사)'의 원래 형태(=동사원형, p.42)만 쓴다.
그래서 to belived는 쓸 수 없다.
마찬가지로 am, are, is 대신 be만 쓴다.
　　I want to be a doctor. O 나는 한 의사인 상태/모습이 되기를 원한다.
　　I want to am a doctor. X 지만 to에 am을 쓰지 않고 be를 써야한다.

+ 'to+한다'를 'to부정사'라고 부르며,
　70% 이상은 '누가-한다-무엇을'에서 주로 '무엇을' 위치에 쓰인다.
　'무엇을' 위치에 to부정사를 쓸 수 있는 '한다(동사)'로, want와 need를 가
　장 많이 쓰지만 그 외에도 이런 것들이 있다.
　allow 허락하다　ask 묻다　decide 결정하다　expect 기대하다
　get 생기다　hope 소망하다　wish 소망하다　plan 계획하다

+ 뜸하게 '누가'의 위치에 쓰이기도 한다.
　To believe is to see. 믿는 것은 보는 것이다. (믿는 것을 보게 된다)

86　I want to believe it 동생이 언젠가는 돌아올 것을 믿고 싶다며 <엑스파일 1-4 멀더> 미드2 8단원 2 (830)

한글 문장을 영어 어순의 영어식 한글문장으로 고쳐보자!

나는 [그것을 믿기를] 원한다.

나는 원한다 [믿기를 그것을].
누가   한다   [무엇을1 + 무엇을2]

1. 나는 [한국 음식을 먹기를] 원한다.
   ___누가___ ___한다___ [___무엇을1___ + ___무엇을2___].
   생활1 49단원 (417)

2. 나의 마음은 [너를 상처 주기를] 원한다.
   ___누가___ ___한다___ [___무엇을1___ + ___무엇을2___].
   위기의 주부들 1-3 수잔 미드2 8단원 2 (832)

3. 나는 [그녀가 되기를] 원했다.
   ___누가___ ___한다___ [___무엇을1___ + ___무엇을2___].
   뱀파이어와의 인터뷰 클로디아 영화1 18단원 (2)

4. 너는 (몸)무게를 줄이는 게 필요하다.
   _____.
   생활1 43단원 (366)

5. 나는 그 문을 잠그는 것을 잊었다.
   _____.
   이보다 더 좋을 순 없다 멜빈 유달 영화1 18단원 (1)

정답 1 나는 원한다 [먹기를 한국 음식을] 2 나의 마음은 원한다 [상처 주기를 너를] 3 나는 원했다 [되기를 그녀가]
4 너는 필요하다 줄이는 게 무게를 5 나는 잊었다 잠그는 것을 그 문을

단어와 발음을 익혀보자!

1 be
[bi] b브읍 e에이이어이 ∅
상태/모습이다
(am, are, is 등의 원형)

2 door
[dɔːr] d드을 oo오(예외) r루얼
문

3 eat
[iːt] ea에이이 t트 읕(트)취
먹다

4 food
[fuːd] f프윺 oo우 d드을
음식

5 forgot
[fərˈgat] f프윺 or오얼 g그윽 o어오우우아(예외) t트 읕(트)취
잊었다
(forget의 과거)

6 heart
[haːrt] h흐 e에이이어이 ∅ ar알얼 t트 읕(트)취
마음, 심장

7 her
[hər] h흐 er얼
그녀를, 그녀의

8 hurt
[həːrt] h흐 u우유어 r루얼 t트 읕(트)취
상처 주다

9 Korean
[kəˈriːən] K크윽 o어오우우 r루얼 e에이이어이 ∅ a어애에이 n느은
한국의

10 lock
[laːk] l르을 o어오우우아(예외) ck크 읔(크)
잠그다

11 lose
[luːz] l르을 o어오우우 s스쓰즈 e에이이어이 ∅
잃다, 줄이다

12 to
[tu] t트 읕취 o어오우우
~하는 것,
~하기 위해

13 weight
[weit] w우으 e에이이어이 ∅ i이아이 gh그 ∅프 t트 읕(트)취
무게

88

한글 문장을 **영작** 해보자!

나는 [그것을 믿기를] 원한다.

I want to believe it.
누가   한다   [무엇을1 + 무엇을2]

나는 [한국 음식을 먹기를] 원한다.

___누가___ ___한다___ [___무엇을1___ + ___무엇을2___].

장면 미국에서 3달 있었더니

나의 마음은 [너를 상처 주기를] 원한다.

___누가___ ___한다___ [___무엇을1___ + ___무엇을2___].

장면 하지만 저는 폭력을 쓰는 당신과는 달리 저를 통제할 수 있어요.

나는 [그녀가 되기를] 원했다. (과거)

___누가___ ___한다___ [___무엇을1___ + ___무엇을2___].

장면 그래서 그녀의 시체를 인형들 밑에 감춰 놓아서 심하게 썩게 된다.

너는 (몸)무게를 줄이는 게 필요하다.

_____.

장면 여자친구한테 이 말 하면 바로 절교

나는 그 문을 잠그는 것을 잊었다. (과거)

_____.

장면 항상 문을 잠가야만 안심이 됐던 멜빈이 스스로 변한 것을 알았을 때.

정답 **1** I want [to eat Korean food] **2** My heart wants [to hurt you] **3** I wanted [to be her] **4** You need to lose weight **5** I forgot to lock the door

17

'to부정사'가 어려웠던 이유는?

'to+한다'는 '~하기 위해'를 의미할 수도 있다.

It takes 30 minutes [to go].
잍 테잌쓰 떨티 미닡츠 투 고우
그것은 가져간다 30분을 가기 위해

누가 – 한다 – 무엇을 – [~하기 위해]

앞서 'to+한다'가 '~하는 것'이라고 했는데,
그것은 '누가'나 '무엇을'의 자리에서 '~하는 것'이고,
그 외의 자리에서는 '~하기 위해'를 뜻한다.

　　　I want to go. 나는 가는 것을 원한다.
　　　I want a ticket to go. 나는 가기 위해 한 티켓을 원한다.

go(가다)를 '가기 위해'로 바꾸면 to go이다.
buy(사다)를 '사기 위해'로 바꾸면 to buy이다.

'~하기 위해'를 의미하려면,
'누가-한다-무엇을' 또는 '누가-상태/모습이다-어떤'의
뒤에 'to+한다'가 와야 한다.
'to+한다'의 뜻으로 두번째로 많이 쓴다.

　+ 영어 문장은 크게 두가지로 나뉜다. 행동이 궁금할 때는 '누가-한다(일반동사)-무엇을' 구조(p.26)로 쓰고, 상태/모습이 궁금할 때는 '누가-상태/모습이다(be동사)-어떤' 구조(p.42)로 쓴다. 'to+한다'는 그 뒤에 온다.

이 외에도 'to+한다'의 위치에 따라
'~해서', '~할 수 있는' 등 다양한 뜻(또는 용법)이 있지만,
일단은 가장 많이 쓰이는 해석
두 가지(~하는 것/~하기 위해)만 구분할 수 있으면 된다.
다른 해석은 자연스럽게 익혀진다.

한글 문장을 영어 어순의 영어식 한글문장으로 고쳐보자!

그것은 [가기 위해] 30분을 가져간다.

그것은   가져간다   30분을   [가기 위해].
누가   한다   [무엇을]   [~하기 위해]

1 나는 [그 차를 사기 위해] 돈을 가진다.

___누가___   ___한다___   ___무엇을___   [___~하기 위해___ 그 차를].

생활1 47단원 (401)

2 너는 [한 미로를 고안하기 위해] 2분을 가진다.

___누가___   ___한다___   ___무엇을___   [___~하기 위해___ 한 미로를].

인셉션 코브   영화2 7단원 (5)

3 나는 [나의 방문객들에게 인상을 주기 위해] 그것들을 유지한다.

___누가___   ___한다___   ___무엇을___   [___~하기 위해___   나의 방문객들에게].

파인딩 포레스터 윌리엄 포레스터   영화2 7단원 (2)

4 나는 [너를 돕기 위해] 여기에 있는 상태/모습이다.

_____   _____   _____   [_____ 너를].

터미네이터 1 카일 리즈   영화2 7단원 (4)

5 그 마음은 [부서지기 위해] 만들어진 상태/모습이다.

_____   _____   _____   [_____].

오스카 와일드   명언 20주 (139)

정답 1 나는 가진다 돈을 사기 위해 그 차를 2 너는 가진다 2분을 고안하기 위해 한 미로를 3 나는 유지한다 그것들을 인상을 주기 위해 나의 방문객들에게
4 나는 상태/모습이다 여기에 있는 돕기 위해 너를 5 그 마음은 상태/모습이다 만들어진 부서지기 위해

단어와 발음을 익혀보자!

1. broken 부서진
[broukn] b브읍 r루얼 o어 오우 k크윽 e에이이어이 Ø n느은

2. buy 사다
[bai] b브읍 u우유어 Ø(예외) y이아이

3. car 자동차
[kar] c크윽쓰 ar알얼

4. design 고안하다
[di'zain] d드을 e에이이어이 Ø s스쓰즈 i이아이 g그윽 Ø(예외) n느은

5. here 여기에서
[hiər] h흐 e에이이어이 Ø r루얼 e에이이어이 Ø

6. impress 인상을 주다
[im'pres] i이아이 m므음 p프읖 r루얼 e에이이어이 Ø ss스쓰즈

7. keep 유지하다
[ki:p] k크윽 ee이이 p프읖(프)

8. maze 미로
[meiz] m므음 a아어애에이 z즈 e에이이어이 Ø

9. minute 분(시간)
[minit] m므음 i이아이 n느은 u우유어 이(예외) t트을(트) 취 e에이이어이 Ø

10. money 돈
[mʌni] m므음 o어오우 n느은 e에이이어이 Ø y이아이 Ø(예외)

11. them 그들을
[ðem] th드뜨 e에이이어이 Ø m므음

12. two 둘 (숫자)
[tu] t트을취 w우 o어오우우 Ø

13. visitor 방문객
[vizitər] v브읍 i이아이 s스쓰즈 i이아이 t트을취 or오얼

한글 문장을 영작 해보자!

그것은 [가기 위해] 30분을 가져간다.

It takes 30 minutes [to go].
누가 한다 [무엇을] [~하기 위해]

1. 나는 [그 차를 사기 위해] 돈을 가진다.

   누가 __ 한다 __ 무엇을 __ [~하기 위해 the car].

   장면 나는 돈 빼면 시체. 그까짓 페라리!

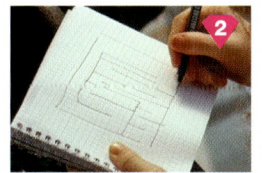

2. 너는 [한 미로를 고안하기 위해] 2분을 가진다.

   누가 __ 한다 __ 무엇을 __ [~하기 위해 a maze].

   장면 실력을 테스트하기 위해.

3. 나는 [나의 방문객들에게 인상을 주기 위해] 그것들을 유지한다.

   누가 __ 한다 __ 무엇을 __ [~하기 위해 my visitors].

   장면 책장에 꽂힌 많은 책들을 모두 읽어 봤냐고 묻자.

4. 나는 [너를 돕기 위해] 여기에 있는 상태/모습이다.

   _____ _____ [_____ you].

   장면 미래에서 온 군인이 사라 코너를 구하기위해 도망치면서.

5. 그 마음은 [부서지기 위해] 만들어진 상태/모습이다.

   _____ _____ [_____].

   장면 가장 크게 상처받은 경험은? **문법** '부서진'은 형용사여서 be동사를 써야 한다.

정답 1 I have money to buy **2** You have two minutes to design **3** I keep them to impress **4** I'm here to help **5** The heart was made to be broken

18 영어는 '~에서'가 여러가지?

전치사는 한국어의 조사보다 구체적이다.

무료강의

at: ~의 지점에서
앹(트)
    at first sight 처음 본 지점에서
    앹(트) 펄스트   싸잍(트)

on: ~에 접촉해서
온
    on the internet 그 인터넷에 접촉해서
    온   디   인털넽(트)

in: ~의 안에서
인
    in the seat 그 의자 안에서
    인   더   씨잍(트)

at의 뜻은 '~의 지점에서'인데,
한국어의 '~에서'는 는 뒤에 붙는 반면,
영어의 '~에서'는 앞에 붙는다.
    집에서 = at지점에서 a house집

영어에서 '누가-한다-무엇을'까지는 조사(~가, ~을)가 자동으로 붙지만,
이후에 명사를 더 쓰고 싶으면 조사를 명사 앞에 써야 한다.
한국어의 조사 역할을 하는 이것을 '전치사'라고 한다.
그리고 [전치사+명사]를 '전치사구'라고 한다.
    I(누가)-got(한다)-blood(무엇을)-on my hand(전치사구)
    나는   생겼다   피가   나의 손에 접촉해서

한국말은 뭉뚱그려 '~에서'로 표현하지만,
영어는 그림을 그리는 언어이므로 더 구체적으로 서술한다.
집의 (둘러싼) 안에서(in)인지(in a house),
집의 한 지점(at)인지(at a house)
집에 접촉해서(on)인지(on a house) 구분해서 적는다.

'누가-상태/모습이다-어떤'구조에서,
'어떤'에 형용사/명사 외에 '전치사+명사'도 쓸 수 있다.
    I'm in the seat. 나는 그 의자 안에 있다.

I got blood on my hand 아이를 빼고 혼자 소탕하러 가겠다며 <그랜토리노 월트 코왈스키> 영화1 6단원 (주제문)

한글 문장을 영어 어순의 영어식 한글문장으로 고쳐보자!

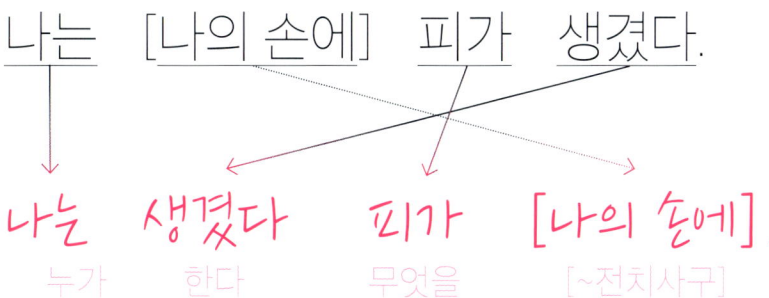

나는 [나의 손에] 피가 생겼다.

나는 생겼다 피가 [나의 손에].
누가   한다   무엇을   [~전치사구]

1. 나는 [노래하는 것에] 나쁜(못 하는) 상태/모습이다.

___누가___ ___상태/모습___ ___어떤___ [_____].

생활2 15단원 (610)

2. 그것은 [처음 본 지점에서의] 사랑인 상태/모습이었다. (과거)

___누가___ ___상태/모습___ ___어떤___ [_____].

생활2 3단원 (508)

3. 나는 [그 인터넷에 (접촉해) 있는] 한 친구를 가진다.

___누가___ ___한다___ ___무엇을___ [_____].

가십걸 2-17 블레어 미드2 1단원 (513)

4. 그것은 [당신의 왼쪽에 (접촉해) 있는] 상태/모습이다.

_____ [_____].

유럽 8단원 (12)

5. 나는 [15번 좌석 (안)에 있는] 상태/모습이다.

_____ [_____].

캡틴 필립스 필립스 영화1 6단원 (3)

정답 1 나는 상태/모습이다 나쁜 [노래하는 것에] 2 그것은 상태/모습이었다 사랑인 [처음 본 지점에서의]
3 나는 가진다 한 친구를 [그 인터넷에 (접촉해) 있는] 4 그것은 상태/모습이다 [당신의 왼쪽에 (접촉해) 있는]
5 나는 상태/모습이다 [15번 의자 (안)에 있는]

단어와 발음을 익혀보자!

2시간에 끝내는 한글영어 발음천사 p.82 p.83

이 [i] 약하게 소리날 때 대부분 '이'로 소리난다.
internet [intərnet] 인털넽(트) singing [siŋiŋ] 씽잉
it [it] 잍(트) kill [kil] 킬

알파벳 **아이**
발음기호 [이]

아이 [ai] 강하게(길게) 소리날 때 대부분 '아이'로 소리난다.
sight [sait] 싸잍(트) like [laik] 라잌(크)
mine [main] 마인 life [laif] 라잎(프)

1	at [æt] a아어애에이 t트읕(트)취	~(의 지점)에서
2	bad [bæd] b브읍 a아어애에이 d드읃(드)	나쁜
3	first [fə:rst] f프읖 ir얼 s스쓰즈 t트읕취	처음의
4	internet [intərnet] i이아이 n느읃 t트읕취 er얼 n느읃 e에이어이 Øt트읕(트)취	인터넷
5	left [left] l르을 e에이어이 Ø f프읖 t트읕취	왼쪽
6	on [on] o어오우우 n느읃	~에(접촉해)서
7	seat [si:t] s스쓰즈 ea에이이 t트읕(트)취	좌석
8	sight [sait] s스쓰즈 i이아이 gh그읖 Ø t트읕(트)취	보는 것
9	singing [siŋiŋ] s스쓰즈 i이아이 ng응 i이아이 ng응	노래하는 것

한글 문장을 영작 해보자!

나는 [나의 손에] 피가 생겼다.

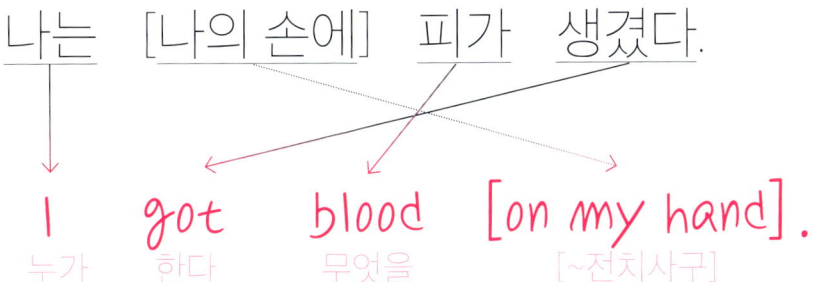

I got blood [on my hand].
누가 한다 무엇을 [~전치사구]

1 나는 [노래하는 것에] 나쁜(못 하는) 상태/모습이다.

___누가+상태/모습___ ___어떤___ [_____].

장면 잘한다(good at)의 반대말.

2 그것은 [처음 본 지점에서의] 사랑인 상태/모습이었다. (과거)

___누가___ ___상태/모습___ ___어떤___ [_____].

장면 첫눈에 반했다고 말하고 싶을 때

3 나는 [그 인터넷에 (접촉해) 있는] 한 친구를 가진다.

___누가___ ___한다___ ___무엇을___ [_____].

장면 칼 선생님과 댄이 사귈 것 같아서, 인터넷에 소문을 퍼트려 복수하려고

4 그것은 [당신의 왼쪽에 (접촉해) 있는] 상태/모습이다.

_____[_____].

장면 '짐을 찾는 곳은 어디에 있습니까?'의 대답으로.

5 나는 [15번 좌석(안)에 있는] 상태/모습이다.

_____[_____].

장면 납치된 함장이 특수요원들에게 자신의 위치를 계속해서 알려주려고.

정답 1 I'm bad at singing 2 It was love at first sight 3 I have a friend on the internet
4 It's on your left 5 I'm in Seat 15

19 go 뒤에 to가 나온 이유는?

각 전치사에는 어울리는 단어가 있다.

무료강의

to: ~을 향해 (도달)
투
to God 신에게
투   갓(드)

from: ~으로부터 (출발)
프럼
from Seoul 서울로부터
프럼   써울

about: ~에 대하여 (주변)
어바웉(트)
about women 여자들에 대한
어바웉   위민

'한다(동사)'의 뜻에 따라 잘 어울리는 전치사가 있다.
go는 '가다'이므로
어디로 가는지 주로 그 방향(to)과 함께 나오고,
　　　I go to the hospital. 나는 그 병원을 향해 간다.

'한다(동사)' 외에도 '명사, 형용사, 부사' 등에 따라
잘 어울리는 전치사가 정해져있다.
picky는 '까다로운'이므로
무엇에 대해 까다로운지 주로 about과 함께 나온다.
　　　I'm picky about food. 나는 음식에 대해 까다롭다.

영영사전에서 단어를 찾을 때,
그 단어의 윗부분에 적혀진 전치사일 수록 더 많이 쓴다.
롱맨 영영사전에 go는 이렇게 나와있다.
　　　go 1.어딘가로 떠나는 것 (+to/into/inside)
　　　　　 2.여행하는 것 (+by)
　　　　　 3.어떤 행동을 위해 움직이는 것 (+for)

98　　I'm picky about food 야채가 싫은 아이 생활2 9단원 (553)

한글 문장을 영어 어순의 영어식 한글문장으로 고쳐보자!

나는 [그 병원에] 간다.

나는   간다   [그 병원에].
누가   한다   [전치사 구]

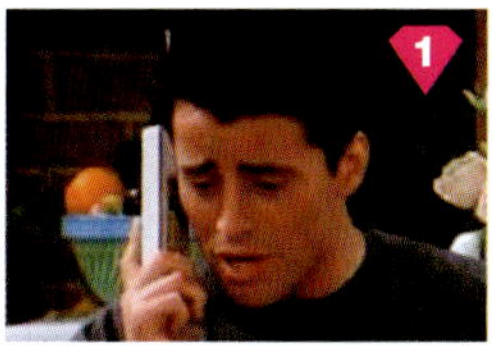

1 나는 [신에게] 맹세한다.

　　누가　　　한다　　[　　　　　].

프렌즈 2-1 조이   미드2 1단원 2 (521)

2 나는 [그 병원에] 가는 것을 계획한다.

　누가　　　한다　　　무엇을　　[　　　　　].

생활2 6단원 (535)

3 나는 [한국 안의] [서울로부터] (온) 상태/모습이다.

누가+상태/모습 [　　　　　] [　　　　　].

생활2 6단원 (533)

4 좋은 판단은 [경험으로부터] 온다.

　　　　　　　　　　　　[　　　　　].

배리 르패트너 명언 24주 (168)

5 너는 [여자들에 대한] 많은 책들을 가진다.

　　　　　　　　　　　　[　　　　　].

프렌즈 1-9 로스   미드2 1단원 4 (544)

정답 1 나는 맹세한다 [신에게] **2** 나는 계획한다 가는 것을 [그 병원에] **3** 나는 상태/모습이다 [서울로부터] [한국 안의]
4 좋은 판단은 온다 [경험으로부터] **5** 너는 가진다 많은 책들을 [여자들에 대한]

단어와 발음을 익혀보자!

1. about ~에 대해
[əˈbaut] a아어애에이 b브읍 o어오우우아(예외) u우유어 t트을(트)취

2. come 오다
[kʌm] c크윽쓰 o어오우우 m므음 e에이이어이Ø

3. experience 경험
[ikˈspiriəns] e에이이어이Ø x즈윽쓰윽즈 p프윺 e이 r루얼 i이아이 e어느 n은 c크윽쓰 eØ

4. from ~으로부터
[frʌm] f프윺 r루얼 o어오우우 m므음

5. go 가다
[gou] g그윽 o어오우우

6. God 신
[gaːd] G그윽 o어오우우아(예외) d드을

7. hospital 병원
[haːspitl] h흐어오우우아(예외) s스쓰즈 p프윺 i이아이 t트을취 a아어애에이 r을

8. judgment 판단
[dʒʌdʒmənt] 쥐 u우유어 d드을 g그윽쥐(ge) m므음 e에이이어이Ø n은 t트을취

9. Korea 한국
[kəˈriːə] K크윽 o어오우우 r루얼 e에이이어이Ø a아어애에이

10. many (수가) 많은
[meni] m므음 a아어애에이에(예외) n느은 y이아이

11. Seoul 서울
[soul] S스쓰즈 e에이이어이Ø o어오우우 u우유어Ø r을

12. swear 맹세하다
[sweər] s스쓰즈 w우 ea에이이 r루얼

13. women 여자들 (woman의 복수형)
[wimin] w우 o어오우우이(예외) m므음 e에이이어이Ø n은

한글 문장을 **영작** 해보자!

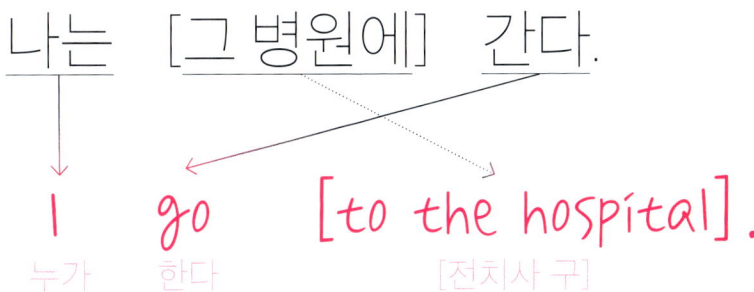

나는 [그 병원에] 간다.

I go [to the hospital].
누가 한다   [전치사 구]

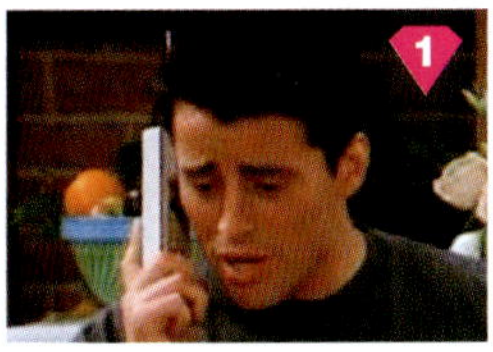

---

1 나는 [신에게] 맹세한다.

_____ _____ [_____].
누가   한다

장면 조이가 소개한 양복점의 성추행을 몰랐다며.

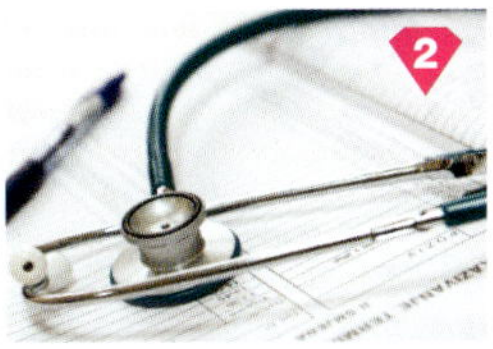

2 나는 [그 병원에] 가는 것을 계획한다.

___ ___ ___ [_____].
누가 한다 무엇을

장면 2년에 한 번 대한민국 모든 성인은 의무적으로 건강검진!

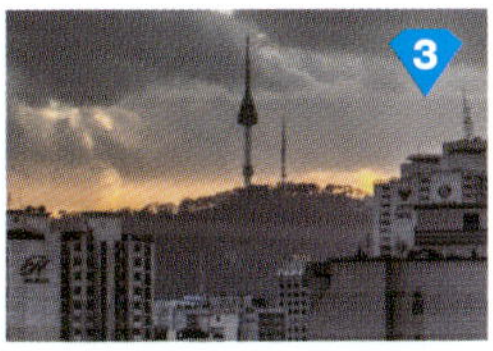

3 나는 [한국 안의] [서울로부터] (온) 상태/모습이다.

_____ [_____] [_____].
누가+상태/모습

장면 세계도시 인구밀도 7위를 자랑하는.

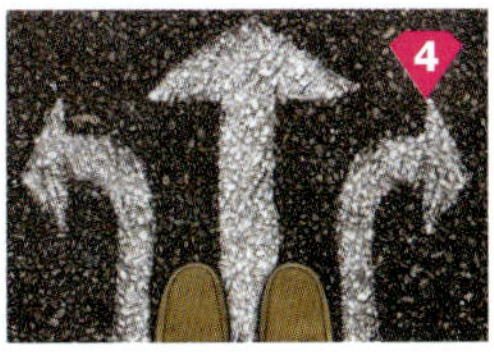

4 좋은 판단은 [경험으로부터] 온다.

_____ [_____].

장면 그리고 경험은 나쁜 판단(실패)으로부터 온다.

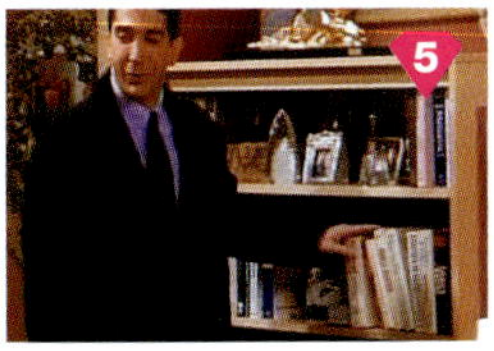

5 너는 [여자들에 대한] 많은 책들을 가진다.

_____ [_____].

장면 레즈비언이 되어 이혼한 전처의 애인(여자)의 집에서.

정답 **1** I swear [to God] **2** I plan to go [to the hospital] **3** I'm [from Seoul] [in Korea]
4 Good judgment comes [from experience] **5** You have many books [about women]

20
will이 미래가 아니라니?

조동사로 동사(한다)의 정도를 표현할 수 있다.

무료강의

will: ~할 것이다 (의지)
월
will save 구할 것이다
월   쎄이브

can: ~할 수 있다 (1~100%가능성)
캔
can bring 데려올 수 있다
캔   브링

may: ~할 것 같다 (55%)
메이
may upset 언짢게 할 것 같다
메이   업쎝

'한다(동사)'의 정도를 더 구체적으로 표현하기 위해
조동사(will, can, may 등)를 쓴다.

miss는 '그리워하다'인데,
will miss은 '그리워할 것이다'이다. 현재의 의지를 나타낸다.
can miss은 '그리워할 수 있다'이다. 1~100%의 가능성을 나타낸다.
may miss는 '그리워할 것 같다'이다. 55%의 가능성, 추측을 나타낸다.

'조동사+한다'를 하나의 '한다'로 봐야하며,
　　　I will miss you. 나는 너를 그리워할 것이다.
　　　누가(I)-한다(will miss)-무엇을(you)의 구조이다.

조동사(will/can/may 등) 뒤에는
동사 원형(사전에 실린 단어)을 써야 한다.
　　　I will ate pizza. X
　　　I will eat pizza. O 나는 피자를 먹을 것이다.

마찬가지로 will am, will are, will is 도 쓸 수 없다.
will be만 가능하다.
　　　I will be happy. 나는 행복할 것이다.

102　I will miss you 군대 면회온 애인과 헤어지며. 생활2 38단원 (791)

한글 문장을 영어 어순의 영어식 한글문장으로 고쳐보자!

나는 너를 [그리워할 것이다].

나는   [그리워할 것이다]   너를.
누가   한다   무엇을

1. 그 진실이 당신을 구할 것이다.

　　　　　　　　　　　　　　　　　　　　　．
　　　누가　　　　　　한다　　　　　　무엇을

엑스파일 4-15 멀더 미드1 5단원 3 (212)

2. 나는 돌아온 상태/모습일 것이다.

　　　　　　　　　　　　　　　　　　　　　．
　　　누가　　　　　상태/모습　　　　　　어떤

터미네이터 2 터미네이터 영화1 5단원 (주제문)

3. 나는 그 아기를 데려올 수 있다.

　　　　　　　　　　　　　　　　　　　　　．
　　　누가　　　　　　한다　　　　　　무엇을

위기의 주부들 7-7 르넷 미드1 5단원 1 (189)

4. 약한 사람들은 절대 용서할 수 없다.

　　　　　　　　　　　　　　　　　　　　　．

마하트마 간디 명언 14주 (92)

5. 그것은 너를 언짢게 할 것 같다.

　　　　　　　　　　　　　　　　　　　　　．

로스트 2-18 정신과 의사 미드2 2단원 1 (555)

정답 1 그 진실이 구할 것이다 당신을 2 나는 상태/모습일 것이다 돌아온 3 나는 데려올 수 있다 그 아기를
4 약한 사람들은 절대 용서할 수 없다 5 그것은 언짢게 할 것 같다 너를

단어와 발음을 익혀보자!

1. baby 아기
[beibi] b브읍 a아어애에이 b브읍 y이아이

2. back 뒤로, 돌아온
[bæk] b브읍 a아어애에이 ck크윽(크)

3. bring 가져오다
[briŋ] b브읍 r루얼 i이아이 ng응

4. can ~할 수 있다
[kæn] c크윽쓰 a아어애에이 n느은

5. could ~할 수도 있다
[kud] c크윽쓰 o어오우우∅ u우유어르을∅(예외) d드을(드)

6. forgive 용서하다
[fər'giv] f프읖 or오얼 g그윽 i이아이 v브읍 e에이어어이∅

7. horse 말 (동물)
[hɔːrs] h흐 or오얼 s스쓰즈 e에이이어이∅

8. may ~할 것 같다
[mei] m므음 a아어애에이 y이아이∅

9. never 절대 ~하지 않다
[nevər] n느은 e에이아이∅ v브읍 er얼

10. truth 진실
[truːθ] t트을(트)취 r루얼 u우유어 th드뜨

11. upset 언짢은
[ʌp'set] u우유어 p프읖 s스쓰즈 e에이아이∅ t트을(트)취

12. weak 약한
[wiːk] w우어 ea에이이 k크윽(크)

13. will ~할 것이다
[wil] w우이아이 ll르을

한글 문장을 영작 해보자!

나는 너를 [그리워할 것이다].

I will miss you.

누가 / 한다 / 무엇을

1 그 진실이 당신을 구할 것이다.

_____누가_____ _____한다_____ _____무엇을_____.

장면 다시 같이 일하기로 한 스컬리에게.

2 나는 돌아온 상태/모습일 것이다.

_____누가_____ _____상태/모습_____ _____어떤_____.

장면 터미네이터가 떠나면서 자주하는 말.

3 나는 그 아기를 데려올 수 있다.

_____누가_____ _____한다_____ _____무엇을_____.

장면 하지만 아기를 데리고 일하는 건 싫어한다.

4 약한 사람들은 절대 용서할 수 없다.

_____ never _____.

장면 용서는 강한 사람들의 특성이다.   **문법** the+형용사=형용사인 사람들

5 그것은 너를 언짢게 할 것 같다.

_____.

장면 의사가 휴고의 망상증을 증명하는 사진을 보여주기 전에.

정답 1 The truth will save you **2** I will be back **3** I can bring the baby **4** The weak can never forgive **5** It may upset you

21
'과거 조동사'는 과거가 아니라고?

과거의 조동사는 주로 현재를 의미하며 단지 **뜻이 약해진다!**

무료강의

would: ~하려고 한다, ~할 것 같다
운(드)
would eat 먹으려고 한다
운   잍(트)

could: ~할 수도 있다. (1~30%)
쿠(드)
could happen 발생할 수도 있다
쿠   해픈

might: ~할 지도 모른다. (1~30%)
마일(트)
might rain 비올 지도 모른다
마일(트)   뤠인

Will you drink water?보다
Would you drink water?가 더 부드러운(존대말 같은) 표현이다.
여기서 would는 과거를 뜻하지 않는다.
will(~할 것이다)을 약하게 would(~하려고 한다)로 쓴 것이다.

한국어의 존대말로 끝에 '요'를 붙이는데,
영어의 존대말(혹은 비꼬는 말)로,
현재의 '한다(동사)' 대신 과거의 '한다(동사)'를 쓸 수 있다.
내포된 때(현재)와 다른 때(과거)를 표면상 쓰면서 '거리감'을 나타낸다.

will이 '~할 것이다'(p.102), **would**는 '~하려고 한다'의 약한 의지를 뜻한다.
can이 '~할 수 있다'라면, **could**는 할 수'도' 있다의 약한 가능성을,
may의 과거인 **might**는 '~할지도 모른다'를 의미한다.
  I **would** be ugly. 난 못생겼을 것 같다.

가끔 **과거의 조동사**를 과거에 쓰기도 한다.
  I could eat pizza **yesterday**. 나는 어제 피자를 먹을 수 있었다.
예문에서 **과거의 시간을 나타내는 단어**(yesterday, 시간부사)가 나왔기에 can을 약하게 해서 could를 쓴 게 아니라, 과거로 쓴 것을 알 수 있다.

한글 문장을 영어 어순의 영어식 한글문장으로 고쳐보자!

나는 못생긴 상태/모습일 것 같다.

나는   상태/모습일 것 같다   못생긴.
누가   상태/모습이다   어떤

1 나는 한 마리 말을 먹을 수도 있다.

____누가____ ____한다____ ____무엇을____.

생활2 47단원 (872)

2 그것은 누구에게나 발생할 수도 있다.

____누가____ ____한다____ _____.

생활2 47단원 (867)

3 그것(날씨)은 비올 지도 모른다.

____누가____ ____한다____.

생활2 47단원 (866)

4 나는 약간의 감자튀김을 (주문)하고 싶어 한다.

_____.

제이 레노 명언 16주 (110)

5 나는 저녁식사를 위해 한 식탁을 예약하기를 하고 싶어 한다.

_____.

생활2 47단원 (874)

정답 1 나는 먹을 수도 있다 한 마리 말을 **2** 그것은 일어날 수도 있다 누구에게나 **3** 그것은 비가올 지도 모른다 **4** 나는 하고 싶어 한다 약간의 감자튀김을 **5** 나는 하고 싶어 한다 예약하기를 한 탁자를 저녁식사를 위해

단어와 발음을 익혀보자!

1 anyone 누군가
[eniwʌn] a아어애에이에(예외) n느은 y이아이 o어오우우워(예외) n느은 e에이이어이∅

2 could ~할 수도 있다
[kud] c크윽쓰 o어오우우 u우유어∅ l르을∅ d드을(드)

3 dinner 저녁식사
[dinər] d드을 i이아이 nn느은 er얼

4 for ~을 위해
[four] f프윺 or오얼얼

5 fries 감자 튀김 (튀긴 것들)
[fraiz] f프윺 r루얼 i이아이 e에이이어이∅ s스쓰즈

6 happen 발생하다
[hæpn] h흐 a아어애에이 pp프윺 e에이이어이∅ n느은

7 might ~할 지도 모른다
[mait] m므음 i이아이 gh그프∅ t트을(트)취

8 rain 비, 비오다
[rein] r루얼 a아어애에이 i이아이 ∅ n느은

9 reserve (자리를) 예약하다
[riˈzəːrv] r루얼 e에이이어이∅ s스쓰즈 er얼 v브읖 e에이이어이∅

10 some 약간의
[sʌm] s스쓰즈 o어오우우 m므음 e에이이어이∅

11 table 식탁
[teibl] t트을취 a아어애에이 b브읖 l르을 e에이이어이∅

12 to ~하는 것, ~하기위해
[tu] t트을취 o어오우우

13 would ~하려고 한다
[wud] w우어오우우 u우유어∅ l르을∅ d드을(드)

한글 문장을 영작 해보자!

나는 못생긴 상태/모습일 것 같다.

I would be ugly.
누가 / 상태/모습이다 / 어떤

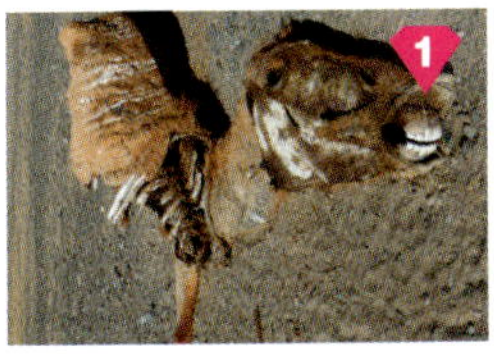

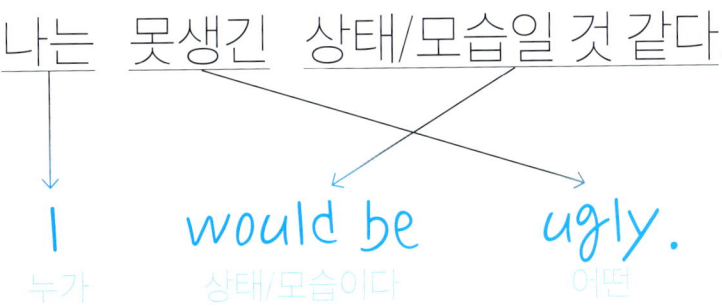

1. 나는 한 마리 말을 먹을 수도 있다. (could)

_____ 누가 _____ 한다 _____ 무엇을 _____.

장면 배가 너무 고파서.

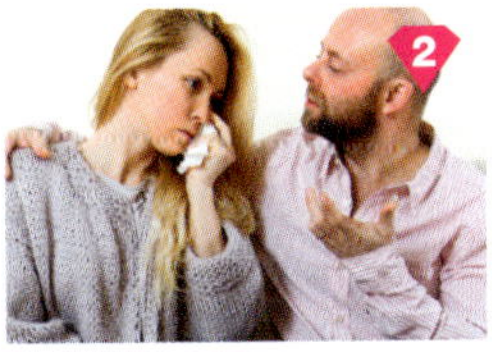

2. 그것은 누구에게나 발생할 수도 있다. (could)

_____ 누가 _____ 한다 _____ to anyone.

장면 네 잘못이 아니니 너무 자책하지 마.

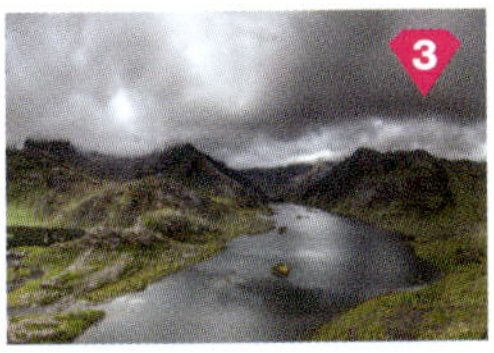

3. 그것(날씨)은 비올 지도 모른다. (might)

_____ 누가 _____ 한다 _____.

장면 아마 안 올 것 같기는 한데 혹시나.

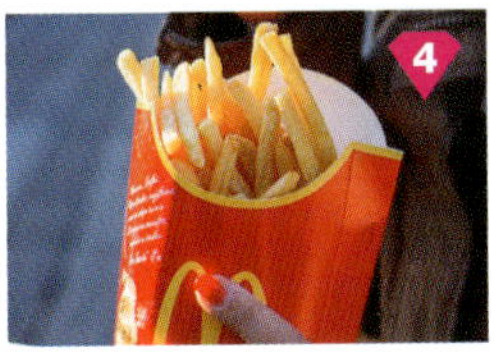

4. 나는 약간의 감자튀김을 (주문)하고 싶어 한다. (would)

_____ some _____.

장면 그것(감자튀김)과 함께 감자튀김을 함께 드실 것인가요? (맥도날드에서)

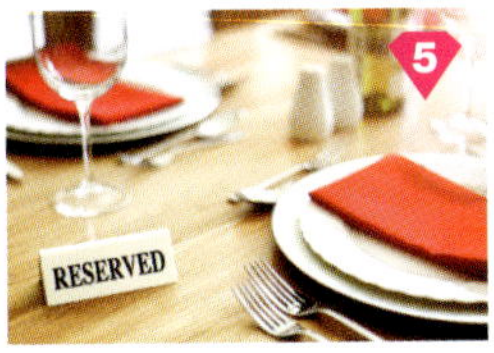

5. 나는 저녁을 위해 한 식탁을 예약하기를 하고 싶어 한다. (would)

_____ for dinner.

장면 특별한 날을 위해.

정답 1 I could eat a horse 2 It could happen 3 It might rain
4 I would like some fries 5 I would like to reserve a table

3주 정리

문법 괄호에 알맞은 말을 써 보세요.

15일 '무엇을'에 대한 추가적인 설명을 듣고 싶은 동사는 (   )나 (   )로 '무엇을'을 설명할 수 있다.

16일 동사를 하나 더 쓰기 위해 동사 앞에 (   )를 붙인다.

17일 동사 앞에 (   )를 쓴 것을 부정사라고 하며, 그것의 뜻은 명사 자리에서는 (   )을 의미하고, 그 외의 자리에서는 (   )를 의미한다.

18일 '누가-한다-무엇을'이나 '누가-상태/모습-어떤'이 끝난 이후에 명사를 하나 더 쓰려면 한국말에서 조사 역할을 하는 (   )를 써야 한다. 뜻은 at은 (   ), on은 (   ), in은 (   )이다.

19일 단어에 따라 잘 어울리는 전치사가 있어서 go에는 (   )가 어울리며, 뜻은 to는 (   ), from은 (   ), about은 (   )이다.

20일 한다(동사)의 정도를 더 구체적으로 표현하기 위해 (   )를 쓴다. 뜻은 will은 (~   ), can은 (~   ), may는 (~   )이다.

21일 과거의 조동사는 현재의 조동사를 (   ) 표현하기 위해 쓰며, 뜻은 would는 (~   ), could는 (~   ), might는 (~   )이다.

어휘 영어 단어에 알맞은 뜻을 써 보세요.

1 alive :

2 experience :

3 first :

4 impress :

5 judgment :

6 lock :

7 never :

8 nightmare :

9 reserve :

10 sight :

11 swear :

12 upset :

13 weak :

14 weight :

작문
그림을 보고 영어로 말하세요.
어렵다면 영어로 써본 뒤 말하거나 건너 뜁니다.

15일 p.82

16일 p.86

17일 p.90

18일 p.94

19일 p.98
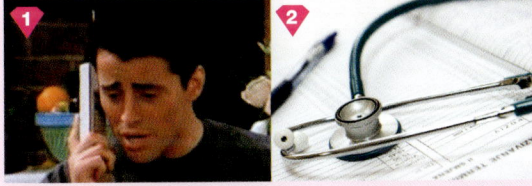

20일 p.102

21일 p.106

정답

무료강의

문법
15일 형용사, 명사
16일 to
17일 to, ~하는 것, ~하기 위해
18일 전치사, ~지점에서, ~에 접촉해서, ~안에서
19일 to, ~로(도달), ~로부터(출발), ~에 대해(주변)
20일 조동사, 할 것이다, 할 수 있다, 할 것 같다
21일 약하게, ~하려고 한다 ~할 수도있다, ~할지도 모른다

어휘
1 살아있는   8 악몽
2 경험   9 예약하다
3 첫번째   10 보는 것
4 인상을 주다 11 맹세하다
5 판단   12 언짢은
6 잠그다   13 약한
7 절대   14 무게
 ~하지 않다

작문
15일 1 It makes us [terrible].
2 They kept a man [alive].
16일 1 I want [to eat Korean food].
2 My heart wants [to hurt you].
17일 1 I have money to buy a car.
2 You have two minutes to design a maze.
18일 1 I'm bad at singing.
2 It was love at first sight.
19일 1 I swear [to God].
2 I plan to go [to the hospital].
20일 1 The truth will save you.
2 I will be back.
21일 1 I could eat a horse.
2 It could happen to anyone.

4주 완[성]

1일 단어에 a가 붙는 이유는? 18

2일 밥을 셀 수 없는 이유는? 22

3일 I you see는 내가 보는 걸까, 네가 보는 걸까? 26

4일 a Moon/the Moon 옳은 것은? 30

5일 누구의 것인지 밝히려면? 34

6일 love 대신 loves를 쓰는 이유는? 38

7일 you는 한 명인데 왜 are를 쓸까? 42

1주 정리 46

8일 is와 are의 차이는? 50

9일 오는 '중인'을 표현하려면? 54

10일 진행형에 be동사를 쓰는 이유는? 58

11일 '과거의 나'는 왜 3인칭일까? 62

12일 '한다'를 '했다'로 바꾸려면? 66

13일 be에 수동의 뜻은 없다고? 70

14일 '먹다'와 '먹이다'는 다른 문장을 만든다고? 7

2주 정리 78

단어에서 문장으로
단계별로 단단하게
기초영어공부
혼자하기

조금만 더 힘내시면
책 한 권이 끝납니다!

3주

15일 누가/무엇을 중에 잘생긴 것은? 82

16일 동사를 한 번 더 쓰고 싶다면? 86

17일 'to부정사'가 어려웠던 이유는? 90

18일 영어는 '~에서'가 여러가지? 94

19일 go뒤에 to가 나온 이유는? 98

20일 will이 미래가 아니라니? 102

21일 '과거 조동사'는 과거가 아니라고? 106

3주 정리 110

4주

22일 because가 '왜냐하면'이 아니라고? 114

23일 doesn't likes가 틀린 이유는? 118

24일 am not은 왜 줄여쓰지 않을까? 122

25일 do와 be가 조동사라고? 126

26일 단어 순서로 물어본다고? 130

27일 how는 '얼마나'일까, '어떻게'일까? 134

28일 '누가/무엇을'이 사라진 이유는? 138

4주 정리 142

22
because가 '왜냐하면'이 아니라고?

접속사는 동사(한다/be동사) 뒤에 붙여 해석한다.

if: ~한다면, ~상태/모습이라면
이프
if I die 내가 죽는다면
이프 아이 다이

무료강의

when: ~할 때
웬
when he's dreaming 그가 꿈꾸는 중일 때
웬   히즈   드뤼밍

because: ~하기 때문에
비커즈
because others are stupid 다른이들이 멍청하기 때문에
비커즈   어덜즈   얼   스튜핃(드)

because의 정확한 뜻은
'왜냐하면'이 아니라 '~하기 때문에'이다.
because others are stupid에서 because는,
의미상 are 뒤에 붙어서 멍청한 '상태/모습이기 때문이다'를 뜻한다.

절이란 본동사('한다'나 '상태/모습')를 1개 갖고 있는
문장의 부분(혹은 전체)를 일컫는다.
I cry because others are stupid에서,
I cry가 하나의 절이고,
because others are stupid가 또 하나의 절이다.

접속사 없이 쓴 문장(I cry)이 정말 하고 싶은 말인 주절이며,
절 앞에 접속사가 있는 문장(because others are stupid)은
주절에 관심을 갖게하는 말로써 종속절이라고 한다.
종속절은 주절에 속해 있는 문장이라는 뜻이며,
영어에서 원칙은 주절 없이 종속절만 존재할 수는 없다.

주절 앞에 종속절을 쓸 경우,
이후에 주절이 시작된다는 의미로 콤마(,)를 찍고 써야 한다.
    Because others are stupid, I cry.

한글 문장을 영어 어순의 영어식 한글문장으로 고쳐보자!

다른 사람들이 멍청한 상태/모습 [이기 때문에]

[~이기 때문에] 다른사람들이 상태/모습이기 (때문에) 멍청한.
　　　　　　　　　누가　　　　상태/모습이다　　　어떤

1. 나는 모든 것인(온전한) 상태이다 / 당신이 나를 사랑했기 [때문에].
나는 상태이다 모든 것인.
[　　　　　] 　누가　　　한다　　　무엇을　　.
글리 3-20 티나   미드2 7단원 1 (786)

2. 울지 마라 / 그것이 끝난 상태/모습이기 [때문에].
울지 마라
[　　　　　] 　누가+상태/모습　　　어떤　　　.
닥터 수스   명언 10주 (70)

3. 한 남성은 천재인 상태이다 / 그가 꿈꾸는 중인 상태[일 때].
한 남성은 상태이다 천재인
[　　　　　] 　누가+상태/모습　　　어떤　　　.
아키라 구로사와   명언 7주 (49)

4. 네가 한 퍼즐을 할 [때], 너는 한 천명의 친구들이 생긴다.
[　　　　　] 　누가　　　한다　　　무엇을　　,
너는 생긴다 한 천명의 친구들이.
빅뱅이론 7-3 에이미   미드2 7단원 2 (797)

5. 내가 죽는다[면], 너는 나의 허락을 가진다.
[　　　　　] 　누가　　　한다　　　,
너는 가진다 나의 허락을.
얼라이브 빈센트 스파노   영화1 20단원 (1)

정답 1 [때문에] 당신이 사랑했기 (때문에) 나를 2 [때문에] 그것이 상태/모습이기 (때문에) 끝난 3 [일 때] 그가 상태(일 때) 꿈꾸는 중인 4 [때] 네가 할 (때) 한 퍼즐을 5 [면] 내가 죽는다(면)

단어와 발음을 익혀보자!

1. cry [krai] c크읔쓰 r루얼 y이아이 — 울다

2. die [dai] d드읃 i이아이 e에이이어이 Ø — 죽다

3. do [du:] d드읃 o어오우우 — 한다

4. dreaming [driːmiŋ] d드읃 r루얼 ea에이이 m므음 i이아이 ng응 — 꿈꾸는 중인

5. genius [dʒiːniəs] ge게쥐 n느은 i이아이 u우유어 s스쓰즈 — 천재

6. get [get] ge게쥐 t드읕(트)취 — 생기다

7. love [lʌv] l르을 o어오우우 v브읍 e에이이어이 Ø — 사랑하다

8. man [mæn] m므음 a아어애에아이 n느은 — 남성

9. over [əuvər] o어오우우 v브읍 er얼 — ~위에, 끝난

10. permission [pəˈmiʃən] p프퓨 er얼 m므음 i이아이 ssi쉬(예외) o어오우우 n느은 — 허락

11. puzzle [pʌzl] p프퓨 u우유어 zz즈르을 e에이이어이 Ø — 퍼즐, 퍼즐을 하다

12. thousand [θauznd] th드 뜨 o어오우우 a(예외) u우유어 s스쓰즈 a아어애에아이 Ø n느은 d드읃 — 천(숫자)의

한글 문장을 영작 해보자!

다른 사람들이 멍청한 상태/모습 [이기 때문에]

[because] others are stupid.

1 나는 모든 것인(온전한) 상태이다 / 당신이 나를 사랑했기 [때문에].
I'm everything [_____] 누가 ____ 한다 ____ 무엇을 ____.
장면 3-20 티나가 레이첼이 됐을 때.

2 울지 마라 / 그것이 끝난 상태/모습이기 [때문에].
Don't cry [_____] 누가+상태/모습 ____ 어떤 ____.
장면 헤어진 연인에게 감사하는가 증오하는가?

3 한 남성은 천재인 상태이다 / 그가 꿈꾸는 중인 상태[일 때].
A man is a genius [_____] 누가+상태/모습 ____ 어떤 ____.
장면 지금 꿈꾸고 있는가?

4 네가 한 퍼즐을 할 [때], 너는 한 천명의 친구들이 생긴다.
[_____] 누가 ____ 한다 ____ 무엇을 ____,
you have a thousand friends.
장면 하워드와 팀이 되어 퍼즐을 풀 때.

5 내가 죽는다[면], 너는 나의 허락을 가진다.
[_____] 누가 ____ 한다 ____,
you have my permission.
장면 나를 먹을 수 있다는 허락

정답 1 because you loved me 2 because it's over 3 when he's dreaming 4 When you do a puzzle 5 If I die

23
doesn't likes가 틀린 이유는?

don't로 행동의 '아님'을 표현한다.

무료강의

I don't like bugs.
아이   도운트   라잌(크)   벅쓰
내가   좋아하지 않는다   벌레들을

누가 - 한다 - 무엇을

하지 '않'는다를 표현하기 위해
'한다(like)' 앞에 'don't'를 붙인다.
    I don't like bugs. 나는 벌레들을 좋아하지 않는다.

don't는 do와 not을 합친 것이다.
영어에서 아포스트로피(', 작은따옴표 모양)는 주로
어떤 글자가 '생략됐다'는 뜻이다(n't는 not에서 o를 생략).

나와 너를 제외한 한 명(3인칭 단수)인 경우
'한다(동사)'에 's'를 붙였던 것처럼
3인칭 단수 현재는 don't를 doesn't로 바꾼다.
does에서 이미 3인칭 단수임을 알려주고 있으므로,
doesn't 뒤에는 원래형태(사전에 실린 형태 p.42)의 '한다'만 써야 한다.
    He doesn't likes bugs. X
    He doesn't like bugs. O 그는 벌레들을 좋아하지 않는다

과거는 인칭/수에 상관 없이 didn't만 쓴다.
    I didn't like bugs. 나는 벌레들을 좋아하지 않았다.
    He didn't like bugs. 그는 벌레들을 좋아하지 않았다.

+ do나 did는 동사(한다)로도 쓸 수 있다.
    I don't homework. X (동사가 없어서 틀린 문장)
    I don't do homework. O 나는 숙제를 하지 않는다.

한글 문장을 영어 어순의 영어식 한글문장으로 고쳐보자!

나는 벌레들을 좋아하지 않는다.

나는 좋아하지 않는다 벌레들을
누가   한다   무엇을

1. 나는 계획들을 가지지 않는다.

　　누가　　　　한다　　　　무엇을　　　．

빅뱅이론 7-15 라지 　미드1 3단원 3 (122)

2. 나는 어떤 소문을 듣기를 원하지 않는다.

　누가　　　한다　　　무엇을1　　　무엇을2　．

생활2 17단원 (627)

3. 조이는 음식을 공유하지 않는다.

　　누가　　　　한다　　　　무엇을　　　．

프렌즈 10-9 조이　미드1 3단원 2 (70)

4. 성공은 행복을 만들지 않는다.

　　　　　　　　　　　　　　　　　　．

허공의 놀라운 비밀 남경흠　명언 4주 (24)

5. 나는 어떤 것도 하지 않았다.

　　　　　　　　　　　　　　　　　　．

생활1 57단원 (484)

정답 1 나는 가지지 않는다 계획들을 2 나는 원하지 않는다 듣기를 어떤 소문을 3 조이는 공유하지 않는다 음식을
4 성공은 만들지 않는다 행복을 5 나는 하지 않았다 어떤 것도

단어와 발음을 익혀보자!

1 any
[eni] a아어애에이에(예외)n느은y이아이
어떤

2 anything
[eniθiŋ] a아어애에이에(예외)n느은y이아이th드뜨이아이ng응
어떤 것

3 didn't
[didnt] d드을i이아이d드을n느은t트을취
~하지 않았다
(don't의 과거)

4 doesn't
[dʌznt] d드을o어오우우e에이이어이∅s스쓰즈n느은t트을취
~하지 않는다
(don't의 3인칭 단수)

5 gossip
[ga:sip] g그윽o어오우우아(예외)ss스쓰즈i이아이p프읖
소문

6 happiness
[hæpinis] h흐a아어애에이pp프읖i이아이n느은e에이이어이∅ss스쓰즈
행복

7 hear
[hiər] h흐e에이이어이∅a아어애에이r루얼
듣다

8 Joey
[dʒoui] J쥐o어오우우e에이이어이∅y이아이
조이 (사람 이름)

9 plan
[plæn] p프읖ㄹ르을a아어애에이n느은
계획

10 share
[ʃeər] sh쉬a아어애에이에(예외)r루얼e에이이어이∅
공유하다

11 success
[sək'ses] s스쓰즈u우유어c크윽쓰c크윽쓰e에이이어이∅ss스쓰
성공

12 to
[tu] t트을취o어오우우
~하는 것,
~하기 위해

한글 문장을 영작 해보자!

나는 벌레들을 좋아하지 않는다.

I don't like bugs.

누가　　　한다　　　무엇을

1 나는 계획들을 가지지 않는다.

　　누가　　　　　한다　　　　　무엇을　　　　．

장면 밸런타인데이지만 망원경을 예약해놨으니 괜찮아.

2 나는 어떤 소문을 듣기를 원하지 않는다.

　누가　　　한다　　　무엇을1　　　무엇을2　　．

장면 험담은 시간 낭비니까.

3 조이는 음식을 공유하지 않는다.

　　누가　　　　　한다　　　　　무엇을　　　　．

장면 음식을 뺏어 먹으면 화내는 조이.

4 성공은 행복을 만들지 않는다.

　　　　　　　　　　　　　　　　　　　　．

장면 (오히려) 당신이 행복하다면, 성공은 당신에게 온다.

5 나는 어떤 것도 하지 않았다. (과거)

　　　　　　　　　　　　　　　　　　　　．

장면 운 나쁘게 범죄 현장에 있었다가 끌려갈 분위기에서.

정답 1 I don't have plans **2** I don't want to hear any gossip **3** Joey doesn't share food **4** Success doesn't make happiness **5** I didn't do anything

'be동사+not'으로 '상태/모습'의 '아님'을 표현한다.

무료강의

I am not OK.
아이 앰 낱(트) 오우케이
나는 상태/모습이 아니다 괜찮은

누가 - 상태/모습이다 - 어떤

24
am not은
왜 줄여쓰지
않을까?

상태/모습이 '아니다'를 표현하기 위해
be동사(am, are, is, are, were, been) 뒤에 not을 붙인다.
　　I'm not OK. 나는 괜찮지 않다.
　　You're not OK. 너는 괜찮지 않다.
　　She's not OK. 그녀는 괜찮지 않다.
　　We're not OK. 우리는 괜찮지 않다.

이 때 위의 예문들처럼
'누가(주어)'와 be동사를 줄여쓸 수도 있고,
be동사와 not을 줄여쓸 수도 있다.
단, am과 not은 줄여쓸 수 없다.
　　You aren't OK. 너는 괜찮지 않다. (=You're not OK.)
　　She isn't OK. 그녀는 괜찮지 않다. (=She's not OK.)
　　We aren't OK. 우리는 괜찮지 않다. (=We're not OK.)
　　I'm not OK. 나는 괜찮지 않다. (am not은 줄여쓸 수 없다)

+ amn't은 발음하기 어렵기에 줄여쓰지 않는다.
　　대신 구어체(말할 때 쓰는 어투)에서 인칭에 상관없이 ain't를 쓰기도 한다.

한글 문장을 영어 어순의 영어식 한글문장으로 고쳐보자!

나는 괜찮은 상태/모습이 아니다.

나는 상태/모습이 아니다 괜찮은.
　누가　　　　상태/모습이다　　　　　어떤

1. 나는 술취한 상태/모습이 아니다.

　　누가　　　　상태/모습　　　　　어떤　　　．

생활1 55단원 (464)

2. 너는 나의 아들인 상태/모습이 아니다.

　　누가　　　　상태/모습　　　　　어떤　　　．

체인질링 크리스틴 콜린스　영화1 4단원 (주제문)

3. 그것은 너의 잘못인 상태/모습이 아니다.

　　누가　　　　상태/모습　　　　　어떤　　　．

굿 윌 헌팅 숀 맥과이어　영화1 4단원 (2)

4. 애완동물들은 허락된 상태/모습이 아니다.

　　　　　　　　　　　　　　　　　　　　．

생활1 55단원 (466)

5. 나의 집은 한 장소인 상태가 아니다. 그것은 사람들인 상태이다.

　　　　　　　　　　　　　　　　　　　，
　　　　　　　　　　　　　　　　　　　．

로이스 맥마스터 부욜　명언 6주 (41)

정답 1 나는 상태/모습이 아니다 술취한 2 너는 상태/모습이 아니다 나의 아들인 3 그것은 상태/모습이 아니다 너의 잘못인 4 애완동물들은 상태/모습이 아니다 허락된 5 나의 집은 상태가 아니다 한 장소인, 그것은 상태이다 사람들인

단어와 발음을 익혀보자! 2시간에 끝내는 한글영어 발음천사 p.84 p.85

O

알파벳 **오우**
발음기호 [**오**]

오우 [ou] 알파벳 o가 길게발음될 때 '오우'로 소리난다.
h**o**me [houm] 호움 ph**o**ne [foun] 포운

오 [o] o가 단독으로 '오'로 발음되는 경우는 매우 드물다.
on [on] 온

어 [ə/ʌ] 약하게 발음될 때 주로 '어'로 발음된다. 다른 모음
도 약하게 발음될 때는 '오', 더 약하게 발음되면 '으'
로 사라진다. s**o**n [sʌn] 썬   pers**o**n [pərsn] 펄쓴

1. aren't
[ərnt]a아어애에이r루얼e에이이어이∅n느은t트을취
상태/모습이 아니다
(= are not)

2. drunk
[drʌŋk]d드을r루얼u우유어n느은응(예외)k크을
술취한

3. fault
[fɔːlt]f프윺a아어애에이u우유어∅l르을t트을취
잘못

4. home
[houm]h흐o어오우우m므음e에이이어이∅
집

5. not
[naːt]n느은o어오우우아(예외)t트을(트)취
~이 아니다

6. permitted
[pər'mitid]p프윺er얼m므믐i이아이tt트을취e에이이어이∅d드을
허락된

7. pet
[pet]p프윺e에이이어이∅t트을(트)취
애완동물

8. place
[pleis]p프윺l르을a아어애에이c크을쓰e에이이어이∅
장소

9. son
[sʌn]s스쓰즈o어오우우n느은
아들

한글 문장을 영어 문장으로 고쳐보자!

나는 괜찮은 상태/모습이 아니다.

I am not OK.

누가   상태/모습이다   어떤

1 나는 술취한 상태/모습이 아니다.

_____ 누가+상태/모습 _____ 어떤 _____.

장면 drunk 대신 drunken(명사 앞에서만 사용함) 쓰면 술 취한 것

2 너는 나의 아들인 상태/모습이 아니다.

_____ 누가+상태/모습 _____ 어떤 _____.

장면 가짜 아들을 경찰이 데려다줬을 때.

3 그것은 너의 잘못인 상태/모습이 아니다.

_____ 누가+상태/모습 _____ 어떤 _____.

장면 윌이 스카일라와 헤어져서 힘들어할 때 이 말을 계속 반복하며 위로합니다.

4 애완동물들은 허락된 상태/모습이 아니다.

_____.

장면 공원에서 싼 똥도 치우지 않을 생각이라면.

5 나의 집은 한 장소인 상태가 아니다, 그것은 사람들인 상태이다.

_____,

_____.

장면 어떤 집에 살고 싶은가? (크기, 위치 등)

정답 1 I'm not drunk   **2** You're not my son   **3** It's not your fault
4 Pets aren't permitted   **5** My home is not a place, it is people

조동사의 원 뜻은 p.102를 참고!

무료강의

I can't eat meat.
아이 캔(트) 이잍(트) 미잍(트)
나는   먹을 수 없다   고기를

누가 - 한다 - 무엇을

can not = can't
캔 낟(트) 캔(트)

will not = won't
윌 낟(트) 오운(트)

25
do와 be가 조동사라고?

조동사가 있으면 '아니다'를 표현하기 위해
조동사 뒤에 not을 붙인다.
    I can not eat meat. 나는 고기를 먹을 수 없다

do(p.118)도 조동사이다.
be동사는 조동사라 불리지는 않지만,
조동사 역할을 하기에 '아니라는 문장(부정문)'과
'묻는 문장(의문문 p.130)'를 만든다.

조동사 뒤에는
동사원형(사전에 실린 단어 형태 p.42)만 쓸 수 있기에
be동사는 be만 써야한다.
    I can am a doctor. X
    I can be a doctor. O 나는 의사일 수 있다

한글 문장을 영어 어순의 영어식 한글문장으로 고쳐보자!

나는   고기를   먹을 수 없다.

나는   먹을 수 없다   고기를.
누가   한다   무엇을

1 너는 그 진실을 다룰 수 없다.

_____누가_____   _____한다_____   _____무엇을_____.

어 퓨 굿 맨 나단 R. 제셉 장군 영화1 5단원 (1)

2 돈은 행복을 살 수 없다.

_____누가_____   _____한다_____   _____무엇을_____.

위기의 주부들 2-9 수녀 미드1 5단원 (주제문)

3 그것은 진실인 상태/모습일 수 없다.

_____누가_____   _____상태/모습_____   _____어떤_____.

생활2 41단원 (821)

4 그는 그녀를 건드리지 않을 것이다.

_____.

위기의 주부들 1-6 브리 미드1 5단원 3 (223)

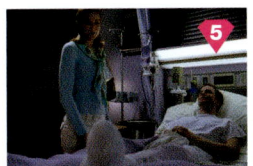
5 이것은 너의 삶을 바꾸지 않을 것이다.

_____.

위기의 주부들 1-12 브리 미드1 5단원 3 (224)

정답 1 너는 다룰 수 없다 그 진실을 2 돈은 살 수 없다 행복을 3 그것은 상태/모습일 수 없다 진실인
4 그는 건드리지 않을 것이다 그녀를 5 이것은 바꾸지 않을 것이다 너의 삶을

단어와 발음을 익혀보자!

1. be
[bi] b브읍 e에이이어이∅
상태/모습이다
(am, are, is의 원형)

2. can't
[kænt] c크윽쓰 a아어애에이 n느은 t트을취
~할 수 없다
(= can not)

3. change
[tʃeindʒ] ch취 a아어애에이 n느은 ge게쥐
바꾸다

4. handle
[hændl] h흐 a아어애에이 n느 은d드을르 e에이이어이∅
다루다

5. happiness
[hæpinis] h흐 a아어애에이 pp프윶 i이아이 n느은 e에이이어이∅ ss스쓰즈
행복

6. her
[hər] h흐 er얼
그녀의, 그녀를

7. life
[laif] l르을 i이아이 f프윶 e에이이어이∅
삶

8. money
[mʌni] m므음 u이오우우 n느은 e에이이어이∅ y이아이∅
돈

9. this
[ðis] th드뜨 i이아이 s스쓰즈
이, 이것

10. true
[tru:] t트을취 r루얼 u우유어 e에이이어이∅
진실인

11. touch
[tʌtʃ] t트을취 o어오우우 u우유어∅ ch취
건드리다

12. won't
[wount] w우오어 o오우우 n느은 t트을취
~하지 않을 것이다
(= will not)

한글 문장을 **영작** 해보자!

나는   고기를   먹을 수 없다.

I can't eat meat.

누가   한다   무엇을

1 너는 그 진실을 다룰 수 없다.

_____누가_____ _____한다_____ _____무엇을_____.

장면 풋내기 중위가 진실을 밝히기엔 너무 위험한 일이야.

2 돈은 행복을 살 수 없다.

_____누가_____ _____한다_____ _____무엇을_____.

장면 수녀가 돈을 기부하라며. **문법** -ness는 명사를 만든다.

3 그것은 진실인 상태/모습일 수 없다.

_____누가_____ _____상태/모습_____ _____어떤_____.

장면 사람이 원숭이에서 진화했다니!

4 그는 그녀를 건드리지 않을 것이다.

_____.

장면 남편이 자신에게 소홀하다고 느끼지만.

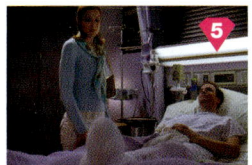

5 이것은 너의 삶을 바꾸지 않을 것이다.

_____.

장면 총기 사고로 발가락 중지를 잃게 된 조지에게 걷는 데는 문제 없을 것이라며.

정답 1 You can't handle the truth **2** Money can't buy happiness **3** It can't be true **4** He won't touch her **5** This won't change your life

26
단어 순서로 물어본다고?

의문문도 크게는 두가지!

행동을 묻는 경우: Do you~

Do you have a minute?
두 유   햅(브) 어   미닡(트)
합니까? 당신은 가집니까 일   분을

무료강의

상태나 **모습**을 묻는 경우: Are you~
                           얼   유
Are you OK?
얼   유   오우케이
(상태/모습)입니까? 당신은 괜찮은

do/are에 묻는 의미는 없다.
다만 do/are을 '누가' 앞에 쓰면 묻는 의미를 갖게 된다.

Do you have a minute?에서
원래 do를 쓰려면 you와 have 사이에 써야 하지만,
do를 you 앞에 써서(단어의 순서를 바꿔서) 묻는 문장이 됐다.

Are you OK?에서
원래 are은 you와 OK 사이에 위치하지만,
are을 you 앞에 써서 묻는 문장이 됐다.

3인칭은 Do 대신 Does, Are 대신 Is를 쓴다.
　　Does he have a minute? 그는 일 분을 가집니까?
　　Is he OK? 그는 괜찮습니까?

과거는 Do 대신 Did, Are 대신 Were(또는 was)를 쓴다.
　　Did you have a minute? 당신은 일 분을 가졌습니까?
　　Were you OK? 당신은 괜찮았습니까? / Was he OK? 그는 괜찮았습니까?

위의 모든 문장들은 끝을 올려 읽어야 한다.
　　+ do(조동사)나 are(be동사)를 '누가' 앞에 쓰지 않은 일반 문장도
　　 끝을 올려 읽어서 질문할 수 있다.

Do you have a minute? 잠깐만 시간 내줬으면 하는데... 생활2 56단원 (940)

한글 문장을 영어 어순의 영어식 한글문장으로 고쳐보자!

당신은 1분을 가집[니까?]

[니까?] 당신은 가집니까 1분을
　　　　　누가　　　한다　　무엇을

1. 당신은 약간의 쿠키들을 원[하나요]?

[　　　] 누가 　 한다　　　무엇을　　?

생활2 56단원 (942)

2. 당신은 저것을 봤[나요]?

[　　　] 누가　　 한다　　　무엇을　　?

인셉션 유솝 영화1 2단원 (5)

3. 당신은 진지한(진심인) [상태/모습인가요]?

[상태/모습] 누가　　　 어떤 　?

생활2 54단원 (921)

4. 당신들은 간호사들인 상태/모습인가요?

_____ ?

생활2 54단원 (926)

5. 그녀는 예쁜 상태/모습인가요?

_____ ?

생활2 54단원 (922)

정답 1 [하나요] 당신은 원하나요 약간의 쿠키들을 **2** [나요] 당신은 봤나요 저것을
3 [상태/모습인가요] 당신은 진지한 **4** 상태/모습인가요 당신들은 간호사들인 **5** 상태/모습인가요 그녀는 예쁜

단어와 발음을 익혀보자!　　　2시간에 끝내는 한글영어 발음천사 p.88

oo

알파벳 **오우+오우**
발음기호 [**우**]

우 [u] o 2개가 붙어있으면 '우'로 발음된다.
cookie [kuki] 쿠키　good [gud] 굳
book [buk] 북(크)　food [fud] 푸드

종종 o한개도 '우'로 발음된다.
do [du] 두　move [muv] 무브

1. cookie
[kuki] c크윽쓰oo우k크윽i이아이e에이이어이∅
쿠키

2. did
[did] d드읃i이아이d드읃
~했다 (do의 과거)

3. do
[du:] d드읃o어오우우
~한다

4. nurse
[nə:rs] n느은u우유어r루얼s스쓰즈e에이이어이∅
간호사

5. pretty
[priti] p프읖r루얼e에이이어이∅tt트읕취y이아이
예쁜

6. see
[si:] s스쓰즈ee이이
보다

7. serious
[siəriəs] s스쓰즈e에이이어이∅r루얼i이아이o어오우우u우유어∅s스쓰즈
진지한

8. that
[ðæt] th드뜨a아어애에이t트읕(트)취
저, 저것

한글 문장을 영작 해보자!

당신은 1분을 가집[니까?]

[Do] you have a minute?
누가 한다 무엇을

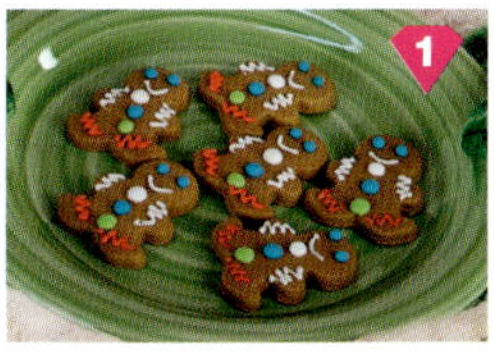

1 당신은 약간의 쿠키들을 원[하나요]?

[_____] __누가__ __한다__ __무엇을__ ?

장면 밥만 먹고 살 수는 없잖아

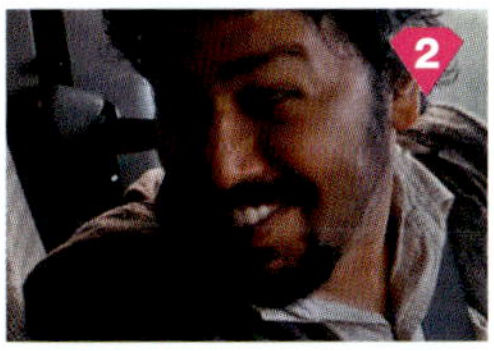

2 당신은 저것을 봤[나요]? (과거)

[_____] __누가__ __한다__ __무엇을__ ?

장면 차가 굴렀는데도 살아남은 후, 하지만 다 자고 있어서 못 봤음

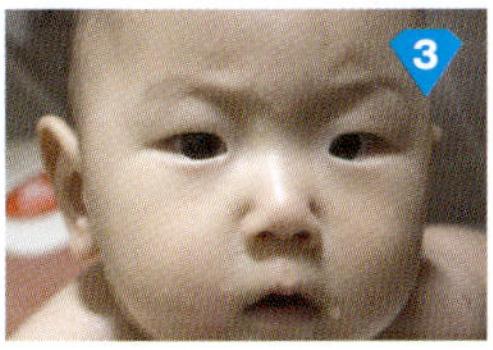

3 당신은 진지한(진심인) [상태/모습인가요]?

[상태/모습] __누가__ __어떤__ ?

장면 믿겨지기 어려운 말에 진심을 확인하고 싶을 때.

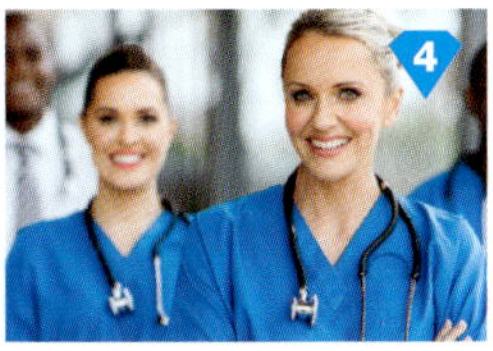

4 당신들은 간호사들인 상태/모습인가요?

_____ ?

장면 옷을 보니...

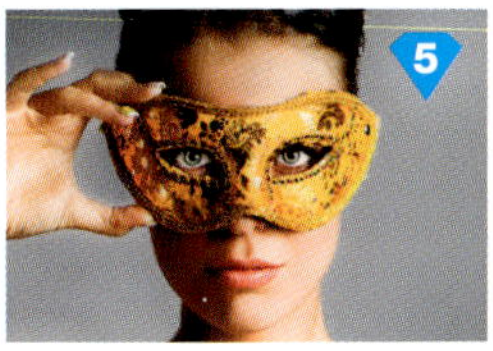

5 그녀는 예쁜 상태/모습인가요?

_____ ?

장면 소개팅에 다녀오면 가장 궁금한.

정답 1 [Do] you want some cookies **2** [Did] you see that **3** [Are] you serious **4** Are you nurses **5** Is she pretty

27
how는
'얼마나'일까,
'어떻게'일까?

묻기위해 where/why/how/when을 문장 맨앞에 붙인다!

행동을 묻는 경우: When do you~
웬 두 유   무료강의

When do you have a minute?
웬   두   유   햅(브) 어   미닛(트)
언제합니까? 당신은 가집니까 일   분을

상태나 **모습**을 묻는 경우: When are you~
웬   얼 유

When are you OK?
웬   얼   유   오우케이
언제(상태/모습)입니까? 당신은 괜찮은

앞서 익힌 묻는 문장 앞에 의문사를 붙이면
행동에 대해 더 구체적으로 물어볼 수 있다.
Can I see the menu 앞에 의문사를 붙이면,
     의문사: Where(어디에서), Why(왜), When(언제), How(어떻게)
     Where can I see the menu? 어디에서 나는 그 메뉴를 볼 수 있습니까?
     Why do I see the menu? 왜 나는 그 메뉴를 볼 수 있습니까?
     When can I see the menu? 언제 나는 그 메뉴를 볼 수 있습니까?
     How can I see the menu? 어떻게 나는 그 메뉴를 볼 수 있습니까?

'상태/모습(be동사)'을 묻는 의문문도
앞에 의문사를 붙여서 물어볼 수 있다.
Are you happy? 앞에 의문사를 붙이면,
     Where are you happy? 어디에서 당신은 행복합니까?
     Why are you happy? 왜 당신은 행복합니까?
     When are you happy? 언제 당신은 행복합니까?
     How are you happy? 어떻게 당신은 행복합니까?
+how는 '얼마나'인 경우도 있다.
     이 경우 주로 how 뒤에 형용사(happy)나 부사가 온다.
     How happy are you? 얼마나 행복합니까 당신은?

한글 문장을 영어 어순의 영어식 한글문장으로 고쳐보자!

당신은 1분을 [언제] 가집니까?

[언제] 니까? 당신은 가집니까 1분을
누가 　　　한다　　　무엇을

---

1 그 화장실은 [어디에] 있는 상태/모습입니까?

[　　　] 　상태/모습　　　누가　　　?

유럽 2단원 (15)

2 당신은 [어디에] 머무르는 중인 상태/모습입니까?

[　　　] 상태/모습　누가　　어떤　　?

생활2 60단원 (975)

3 제가 [어디에서] 한 입장권을 살 수 있나요?

[　　　] 　　　누가　　한다　　무엇을　?

생활2 60단원 (977)

4 너는 왜 태어나진 상태/모습이었니?

　　　　　　　　　　　　　　　?

코렐라인 코렐라인 영화1 24단원 (주제문)

5 내가 어떻게 당신을 도울 수 있나요?

　　　　　　　　　　　　　　　?

생활2 60단원 (978)

정답 1 [어디에] 있는 상태/모습입니까 그 화장실은 **2** [어디에] 상태/모습입니까 당신은 머무르는 중인 **3** [어디에서] 수 있나요 제가 살 수 있나요 한 입장권을 **4** 왜 상태/모습이었니 너는 태어나진 **5** 어떻게 수 있나요 내가 도울 수 있나요 당신을

단어와 발음을 익혀보자!

2시간에 끝내는 한글영어 발음천사 p.94

W
알파벳 **더블유**
발음기호 **우**

우 [w] 주로 w뒤에 다른 모음이 붙어서 이중모음으로 소리 난다. 참고로 이중모음은 자음 취급한다.
were [wər] 월 **w**ant [wɔnt] 원트
t**w**in [twin] 트윈 **w**e [wi] 위 **w**ater [wɔtər] 워털

우 [u] 단어가 w로 끝나면 이중 모음이 아니라 모음 '우(u)'로 소리난다.
ho**w** [hau] 하우

---

1 born
[bɔːrn] b브음 or 오얼얼 n ㄴ은
태어나진

2 help
[help] h흐e에이이어아이어르을 p프읖(프)
돕다

3 how
[hau] h흐 o어오우우아(예외) w우
어떻게, 얼마나

4 staying
[stei] s스쓰즈 t트을취 a아어애에이 y이아이 Øi이아이 ng응
머무르는 중인

5 ticket
[tikit] t트을취 i이아이 ck크윽 e에이어어이 t트읕(트)취
입장권

6 toilet
[toilit] t트을취 oi오이(사전의 발음과달리 oi[ɔi]는 '오이'로발음) l르을 e에이이어아이 t트읕취
화장실, 변기

7 were
[wər] w우 er얼 e에이이어이 Ø
상태/모습이었다
(are의 과거)

8 where
[weər] wh우 e에이이어이 Ø r얼 e에이이어이 Ø
어디에서

9 why
[wai] wh우 y이아이
왜

한글 문장을 영작 해보자!

당신은 1분을 [언제] 가집니까?

[When] do you have a minute?

누가   한다   무엇을

---

1. 그 화장실은 [어디에] 있는 상태/모습입니까?

[　　　] 상태/모습 _____ 누가 _____ ?

장면 여행에서 가장 많이 쓰는 문장 중 하나

2. 당신은 [어디에] 머무르는 중인 상태/모습입니까?

[　　　] 상태/모습 ___ 누가 ___ 어떤 ___ ?

장면 멀지 않다면 또 만나고 싶은데요

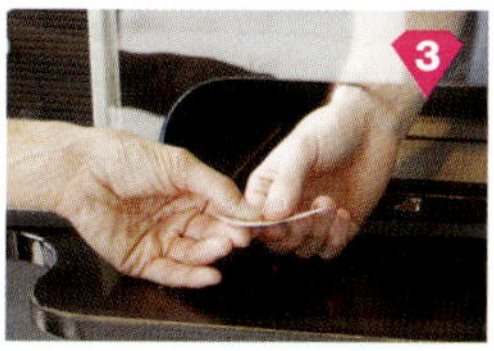

3. 제가 [어디에서] 한 입장권을 살 수 있나요?

[　　　] _____ 누가 ___ 한다 ___ 무엇을 ___ ?

장면 매진돼서 암표라도 사고 싶은데...

4. 너는 왜 태어나진 상태/모습이었니? (과거)

_____ ?

장면 '와이본'이 코렐라인의 이름이 이상하다고 하자 한 말. '발음와이(일유)본'.

5. 내가 어떻게 당신을 도울 수 있나요?

_____ ?

장면 도와달라는 TV 광고할 돈으로 도와주면 안 되겠니?

정답 **1** [Where] is the toilet **2** [Where] are you staying **3** [Where] can I buy a ticket **4** Why were you born **5** How can I help you

28
'누가/무엇을'이
사라진 이유는?

what/who가 무엇을(목적어)이거나 누가(주어)거나!

What이 '무엇을'일 때: What do you~
왙 두 유

What do you recommend?
왙 두 유 레커멘드
무엇을 합니까? 당신은 추천합니까

What이 '누가'일 때: What 한다(동사)~
왙

What happened?
왙 해픈드
무엇이 발생했습니까?

what은 물건을 대신해서 쓰는 말로,
what이 '무엇을'일 때는 do you~, are you~로 이어진다.
  What do you recommend? 당신은 무엇을 추천합니까?
  구조: What(무엇을) do you(누가) recommend(한다)?
  What are you recommending? 당신은 무엇을 추천하는 중입니까?
  구조: What(무엇을) are(상태/모습) you(누가) recommending(어떤)?

하지만 what이 '누가'일 때는,
'누가-한다-무엇을'에서 '누가' 대신 what을 쓴다.
  What happened? 무엇이 발생했습니까?
  구조: What(누가) happened(한다)?
  What is wrong? 무엇이 틀립니까?
  구조: What(누가) is(상태/모습) wrong(어떤)?

who는 사람을 대신해서 쓰는 말로, what과 마찬가지로,
who가 '무엇을'일 때는 do you~, are you~로 이어지고,
  Who do you recommend? 당신은 누구를 추천합니까?
  구조: Who(무엇을) do you(누가) recommend(한다)?

who가 '누가'일 때는
'누가-상태/모습-어떤'에서 '누가' 대신 who를 쓴다.
  Who is the doctor? 누가 그 의사입니까?
  구조: Who(누가) is(상태/모습) the doctor(어떤)?

What do you recommend? 무엇이 맛있는지 잘 모를 때 종업원에게. 생활2 63단원 (998)

한글 문장을 영어 어순의 영어식 한글문장으로 고쳐보자!

당신은 [무엇을] 추천 합니까?

[무엇을] 합니까? 당신은 추천합니까

무엇을   누가   한다

---

1 당신은 [무엇을] 추천합니까?

[_____] _____ 누가 _____ 한다 _____?

생활2 63단원 (998)

2 당신은 [무엇을] 먹기를 원합니까?

[_____] _____ 누가 _____ 한다 _____ 무엇을 _____?

생활2 63단원 (999)

3 당신은 [무엇을] 하는 중인 상태/모습입니까?

[_____] 상태/모습 _____ 누가 _____ 어떤 _____?

생활2 63단원 (1001)

4 누가 당신을 필요로 합니까?

_____ 누가 _____ 한다 _____ 무엇을 _____?

타잔 터크 영화2 11단원 (2)

5 누가 당신을 보호할 겁니까?

_____?

가디언즈 피치 영화2 11단원 (3)

정답 1 [무엇을] 합니까? 당신은 추천합니까 **2** [무엇을] 합니까? 당신은 원합니까 먹기를
3 [무엇을] 상태/모습입니까 당신은 하는 중인 **4** 누가 필요로 합니까 당신을 **5** 누가 보호할 겁니까 당신을

단어와 발음을 익혀보자!　　　2시간에 끝내는 한글영어 발음천사 p.104

알파벳 **더블유+에이치**
발음기호 **우**

우 [u] wh에서 h는 소리나지 않고, w만 소리난다. 뒤에 다른 모음이 와서 이중모음으로 소리난다.
what [wat] 왙(트)　**wh**ere [weər] 웨얼
when [wen] 웬　**wh**ite [wait] 와잍(트)

후 [hu] who는 예외로, '우'가 아니라 '후[hu]'로 소리난다.

1 do
[du:] d드을 o어오우우
한다

2 doing
[du:iŋ] d드을 o어오우우 i이아이 ng응
하는 중인

3 need
[ni:d] n느은 ee이이 d드을
필요로 하다

4 protect
[prə'tekt] p프읖 r루얼 o어오우우 t트을취 e에이이어이∅ c크윽쓰 t트을취
보호하다

5 recommend
[rekə'mend] r루얼 e에이이어이∅ c크윽쓰 o어오우우 mm므음 e에이이어이∅ n느은 d드을
추천하다

6 to
[tu] t트을취 o어오우우
~하는 것,
~하기 위해

7 what
[wa:t] wh우 a아어애에이 t트을(트)취
무엇을, 무엇이

8 who
[hu:] w우∅(예외) h흐 o어오우우
누가, 누구를

9 will
[wil] w우 i이아이 ㅔㄹ르을
~할 것이다

한글 문장을 영작 해보자!

당신은 [무엇을] 추천 합니까?

[What] do you recommend?
무엇을   누가   한다

---

1 당신은 [무엇을] 추천합니까?

[_____] _____ 누가 _____ 한다 _____?

장면 무엇이 맛있는지 잘 모를 때 종업원에게

2 당신은 [무엇을] 먹기를 원합니까?

[_____] _____ 누가 ___ 한다 ___ 무엇을 ?

장면 '아무거나'라는 메뉴는 없습니다.

3 당신은 [무엇을] 하는 중인 상태/모습입니까?

[_____] 상태/모습 ___ 누가 _____ 어떤 ___?

장면 숨기지 말고 말해봐.

4 누가 당신을 필요로 합니까?

___ 누가 ___ 한다 ___ 무엇을 ___?

장면 떠나는 타잔에게. 문법 who가 1명으로 예상되면 단수 취급한다.

5 누가 당신을 보호할 겁니까?

_____ _____ _____ _____?

장면 내가 나를 보호할 거야!

정답 **1** [What] do you recommend   **2** [What] do you want to eat   **3** [What] are you doing   **4** Who needs you   **5** Who will protect you

4주 정리

문법 괄호에 알맞은 말을 써 보세요.

22일 if의 뜻은 (　　　), when은 (　　　), because는 (　　　)이다.

23일 행동에 대해 '아니다'를 표현하기 위해 (　　　)를 쓴다.

24일 '상태나 모습'에 대해 '아니다'를 표현하기 위해 (　　　) 뒤에 (　　　)을 쓴다.

25일 will, can, may 뒤에 not을 붙이면 '아니다'를 뜻한다. 조동사와 함께 상태나 모습에 대해 '아니다'를 표현하려면, 조동사 뒤에 (　　　)를 써서 나타낸다.

26일 행동에 대해 물을 경우 문장이 (　　　 you)로 시작하고, 상태나 모습에 대해 묻는 경우 문장이 (　　　 you)로 시작한다.

27일 when은 (　　　)를 뜻하고, where은 (　　　), why는 (　　　), how는 (　　　)나 (　　　)을 뜻한다.

28일 what이 '무엇을' 때는 (what 　　　 you~)나 (what 　　　 you~)로 문장이 시작되고, what이 '누가'일 때는 'what+한다~'로 문장이 시작한다.

어휘 영어 단어에 알맞은 뜻을 써 보세요.

1 born :

2 drunk :

3 genius :

4 handle :

5 permission :

6 pet :

7 protect :

8 recommend :

9 serious :

10 share :

11 son :

12 staying :

13 success :

14 touch :

작문 그림을 보고 영어로 말하세요.
어렵다면 영어로 써본 뒤 말하거나 강의를 듣습니다.

22일 p.114

23일 p.118

24일 p.122

25일 p.126

26일 p.130

27일 p.134

28일 p.138

수고 많으셨습니다!
다음 단계로 <중학영어 독해비급> <신호등 영작200>
<유레카 팝송 영어회화 200>에서 뵙겠습니다.

정답

무료강의

문법
22일 ~한다면, ~할 때, ~하기 때문에
23일 don't
24일 be동사, not
25일 not be
26일 Do, Are
27일 언제, 어디서, 왜, 어떻게, 얼마나
28일 do, are

어휘
1 태어난
2 술취한
3 천재
4 다루다
5 허락
6 애완동물
7 보호하다
8 추천하다
9 진지한
10 공유하다
11 아들
12 머무르는 중인
13 성공
14 건드리다

작문
22일 1 because you loved me.
2 because it's over.
23일 1 I don't have plans.
2 I don't want to hear any gossip.
24일 1 I'm not drunk.
2 You're not my son.
25일 1 You can't handle the truth.
2 Money can't buy happiness.
26일 1 Do you want some cookies?
2 Did you see that?
27일 1 Where is the toilet?
2 Where are you staying?
28일 1 What do you recommend?
2 What do you want to eat?

빈도순 500 단어 1

감탄사/비속어/이름을 제외하고 사용 빈도순으로 수록했습니다.

순위	단어	뜻	순위	단어	뜻	순위	단어	뜻
1	you	너는, 너를	43	did	~했다	85	need	필요하다
2	I	나는	44	would	~하려한다	86	yes	그래
3	to	~에게	45	here	여기	87	his	그의
4	the	그	46	out	밖에	88	been	상태/모습이다
5	is	상태/모습이다	47	there	거기	89	some	약간
6	it	그것은, 그것을	48	like	좋아한다	90	or	또는
7	not	~하지 않는다	49	if	~한다면	91	because	~하기 때문에
8	a	한	50	her	그녀의, 그녀를	92	talk	말하다
9	that	저, 저것	51	okay	괜찮은	93	then	그러고 나서
10	and	그리고	52	can	~할 수 있다	94	way	방법, 길
11	do	~한다	53	come	오다	95	thank	감사하다
12	have	가지다	54	say	말하다	96	an	한
13	are	상태/모습이다	55	up	위쪽으로	97	give	주다
14	what	무엇은, 무엇을	56	now	지금	98	little	약간
15	of	~의	57	him	그를	99	does	한다
16	me	나를	58	they	그들은	100	them	그들을, 그것들을
17	know	안다	59	tell	말하다	101	where	어디(에서)
18	in	~안에	60	how	어떻게, 얼마나	102	gonna	(당연히) ~할 것이다
19	go	가다	61	see	보(이)다	103	never	절대 ~하지 않는다
20	this	이, 이것	62	at	~의 지점에서	104	too	너무
21	get	생기다	63	look	눈을 향하다	105	man	남성, 사람
22	no	누구도 ~하지 않는다	64	one	어떤 한 사람, 한 물건	106	guy	사내
23	for	~을 위해	65	make	만들다	107	should	~해야 한다
24	we	우리는	66	really	정말로	108	feel	느끼다
25	he	그는	67	why	왜	109	our	우리의
26	my	나의	68	us	우리를	110	call	부르다, 전화하다
27	was	상태/모습이었다	69	take	가져가다	111	hear	들리다
28	just	단지, 막	70	mean	의미하다	112	find	찾다
29	will	~할 것이다	71	good	좋은	113	try	시도하다
30	be	상태/모습이다	72	time	시간	114	sure	확신하는
31	on	~에 접촉해서	73	could	~할 수도 있다	115	more	더 많은, 더 많이
32	your	너의	74	as	~할 때, ~로서	116	over	~위에
33	with	~과 함께	75	let	허락하다	117	sorry	미안한
34	so	그래서, 아주	76	who	누구	118	happen	발생하다
35	but	그러나	77	when	~할 때	119	work	일하다
36	she	그녀는	78	love	사랑하다	120	am	상태/모습이다
37	all	모든	79	thing	~것	121	maybe	아마도
38	well	잘, 글쎄	80	back	뒤로	122	down	아래쪽으로
39	think	생각하다	81	were	상태/모습이었다	123	very	아주
40	want	원하다	82	can't	~할 수 없다	124	by	~에 의해
41	about	~에 대하여	83	from	~로 부터	125	life	생명, 삶
42	right	옳은, 오른쪽	84	something	어떤 것	126	wait	기다리다

<8시간에 끝내는 기초영어 미드천사> '미국인들이 가장 많이 쓰는 1004 단어'에서 발췌 p.16~29

무료강의

순위	단어	뜻	순위	단어	뜻	순위	단어	뜻
127	help	돕다	169	year	년	211	their	그들의
128	anything	어떤 것	170	big	큰	212	course	물론, 과정
129	much	많은, 많이	171	last	마지막, 지난	213	hell	지옥
130	any	어떤	172	these	이, 이것들	214	might	~할지도 모른다
131	even	심지어	173	around	~의 주위에	215	bring	가져오다
132	off	~에 떨어져서	174	live	살다	216	kid	아이
133	please	부탁합니다	175	use	사용하다	217	family	가족
134	only	오직	176	lot	많음	218	worry	걱정하다
135	two	두개인	177	kill	죽이다	219	mind	마음
136	people	사람들	178	start	시작하다	220	every	모든
137	day	날	179	always	항상	221	enough	충분한, 충분히
138	keep	유지하다	180	care	돌보다	222	idea	아이디어
139	god	신	181	those	저, 저것들	223	old	늙은
140	show	보여주다	182	stay	머무르다	224	must	~해야 한다
141	nothing	아무것도 (아니다)	183	girl	소녀	225	turn	돌다, 바꾸다
142	still	여전히	184	minute	분(시간)	226	problem	문제
143	into	~의 안 쪽으로	185	late	늦은	227	move	움직이다
144	again	다시	186	wrong	틀린	228	boy	소년
145	great	대단한	187	through	~을 통해	229	yourself	너 자신을
146	ask	묻다, 요구하다	188	new	새로운	230	own	~의 소유인
147	everything	모든 것	189	woman	여성	231	miss	놓치다, 그리워하다
148	night	밤	190	being	상태/모습인 것	232	whole	전체의
149	believe	믿다	191	mother	어머니	233	another	또 하나의
150	before	~전에	192	bad	나쁜	234	house	집
151	better	더 좋은	193	guess	추측하다	235	best	최고의, 최고로
152	ever	한번도, 언제나	194	understand	이해하다	236	change	바꾸다
153	than	~보다	195	hi	안녕	237	hold	유지하다
154	stop	멈추다	196	baby	아기	238	happy	행복한
155	put	놓다	197	place	장소, 위치시키다	239	son	아들
156	away	멀리	198	remember	기억하다	240	play	놀다, 경기하다
157	first	첫번째(인)	199	father	아버지	241	hurt	아프게하다, 아픈
158	long	긴	200	marry	결혼하다	242	hello	안녕
159	mom	엄마	201	run	달리다	243	which	어떤 것
160	other	다른	202	together	함께	244	room	방
161	home	집	203	lose	지다, 잃다	245	money	돈
162	dad	아빠	204	actually	사실은	246	left	leave의 과거(떠났다)
163	fine	좋은	205	name	이름	247	lie	거짓말하다
164	leave	남기고 떠나다	206	hope	소망하다	248	break	부수다
165	friend	친구	207	nice	좋은	249	tonight	오늘 밤
166	kind	종류, 친절한	208	else	그 밖에	250	matter	문제
167	listen	귀 기울이다	209	someone	누군가	251	real	진짜인
168	after	~후에	210	done	끝난	252	meet	만나다

빈도순 500 단어 2

1000단어로 일상회화 89%를 해결할 수 있습니다.

순위	단어	뜻	순위	단어	뜻	순위	단어	뜻
253	forget	잊다	295	ready	준비된	337	case	경우
254	same	같은	296	until	~할 때까지	338	such	그런
255	die	죽다	297	without	~없이	339	sister	여동생, 누나
256	suppose	추측하다	298	whatever	무엇이든	340	different	다른
257	pretty	꽤, 예쁜	299	week	주	341	anyway	어쨌든
258	job	직업	300	yet	아직	342	drink	마시다
259	head	머리	301	cause	야기하다	343	many	수가 많은
260	hand	손	302	end	끝내다	344	save	구하다, 아끼다
261	exactly	정확히	303	doctor	의사	345	fact	사실
262	already	이미	304	part	부분	346	send	보내다
263	may	~할 것 같다	305	face	얼굴	347	phone	전화
264	next	다음	306	chance	기회	348	pick	고르다
265	three	셋인	307	hate	싫어하다	349	decide	결정하다
266	seem	~처럼 보이다	308	once	(과거에) 한번	350	wish	소망하다
267	world	세계	309	somebody	누군가	351	tomorrow	내일
268	honey	사랑하는 사람, 꿀	310	hour	시간	352	anymore	더이상
269	wonder	궁금해하다	311	morning	아침	353	five	5개인
270	myself	나 자신을	312	close	가까운, 닫힌	354	least	가장 적은
271	hard	어려운, 힘든	313	reason	이유	355	town	마을
272	walk	걷다	314	stuff	물건	356	everybody	모두들
273	deal	거래	315	most	대부분의, 가장	357	everyone	모두들
274	second	두번째인	316	brother	형제	358	speak	말하다
275	pay	지불하다	317	open	열다	359	fight	싸우다
276	probably	분명히	318	point	지점, 요점	360	spend	소비하다
277	sit	앉다	319	sleep	자다	361	ago	~전에
278	watch	보다	320	truth	진실	362	perfect	완벽한
279	both	둘 다	321	school	학교	363	beautiful	아름다운
280	while	~하는 동안	322	heart	마음, 심장	364	daughter	딸
281	word	단어	323	lucky	운좋은	365	set	놓다
282	dead	죽은	324	true	진실인	366	door	문
283	plan	계획, 계획하다	325	business	사업	367	crazy	미친
284	sound	~처럼 들리다, 소리	326	each	각각의	368	party	파티
285	soon	곧	327	few	2~3개인	369	afraid	두려운
286	child	아이	328	wife	아내	370	between	~사이에
287	alone	혼자	329	anyone	누군가	371	important	중요한
288	check	확인하다	330	easy	쉬운	372	buy	사다
289	since	~이래로	331	trust	신뢰하다	373	figure	모습(을 알아내다)
290	excuse	봐주다, 변명	332	eye	눈	374	eat	먹다
291	question	질문	333	person	사람	375	read	읽다
292	today	오늘	334	promise	약속하다	376	serious	진지한
293	sweet	달콤한	335	bye	안녕 (헤어질 때)	377	rest	나머지, 쉬다
294	car	자동차	336	stand	서다, 견디다	378	fun	재미있는

<8시간에 끝내는 기초영어 미드천사> '미국인들이 가장 많이 쓰는 1004 단어'에서 발췌 p.16~29

무료강의

순위	단어	뜻	순위	단어	뜻	순위	단어	뜻
379	fall	떨어지다	421	month	달	463	cut	자르다
380	answer	대답	422	catch	잡다	464	quite	꽤
381	glad	기쁜	423	dinner	저녁식사	465	sick	아픈
382	possible	가능성 있는	424	against	~에 반대해서	466	death	죽음
383	bit	약간	425	funny	웃기는	467	obviously	명백히
384	couple	커플	426	scared	무서운	468	along	~를 (쭉) 따라
385	date	날짜	427	husband	남편	469	upset	속상한
386	either	어느 하나는, 하나도	428	almost	거의	470	protect	보호하다
387	under	~의 아래에	429	stupid	멍청한	471	secret	비밀인
388	drive	운전하다	430	office	사무실	472	sort	종류
389	lady	숙녀	431	cool	멋진, 시원한	473	stick	붙(이)다
390	fire	불	432	news	뉴스	474	drop	떨어트리다
391	hit	치다	433	kiss	키스	475	finish	끝내다
392	act	행동하다	434	realize	깨닫다	476	learn	배우다
393	hang	걸다	435	surprise	놀라다	477	body	몸
394	throw	던지다	436	half	절반	478	front	앞
395	interested	흥미있는	437	side	쪽	479	clear	분명한
396	four	4개인	438	yours	너의 것인	480	follow	따라가다
397	far	먼	439	picture	그림	481	light	빛, 가벼운
398	game	게임	440	safe	안전한	482	hot	뜨거운
399	book	책	441	pull	당기다	483	explain	설명하다
400	write	쓰다	442	young	젊은	484	test	시험
401	power	힘	443	sometimes	때때로	485	win	이기다
402	trouble	문제	444	bed	침대	486	six	여섯인
403	mine	나의 것인	445	also	또한	487	parents	부모님
404	though	~하지만	446	law	법	488	early	이른, 일찍
405	times	번, 배	447	totally	완전히	489	absolutely	절대적으로
406	line	줄	448	shot	쏘다	490	alive	살아있는
407	order	주문하다, 명령하다	449	blood	피	491	dance	춤추다
408	hospital	병원	450	sign	신호, 표시	492	special	특별한
409	anybody	누군가	451	expect	기대하다	493	bet	틀림 없다
410	alright	괜찮은	452	wear	입다	494	touch	건드리다
411	nobody	누구도 ~하지 않는다	453	moment	순간	495	ain't	상태/모습이 아니다
412	wedding	결혼식	454	dream	꿈꾸다	496	kidding	농담하는 중인
413	finally	마침내	455	behind	~뒤에	497	honest	진실한
414	shut	닫다	456	inside	~안에	498	full	가득한
415	able	가능한	457	high	높은, 높이	499	movie	영화
416	number	숫자	458	ahead	앞으로	500	build	짓다
417	police	경찰	459	mistake	실수			
418	story	이야기	460	wonderful	놀라운			
419	certainly	확실히	461	sense	감각			
420	free	자유로운	462	past	지난			

동사의 유형별 불규칙 변형

원어민 MP3를 따라 읽은 뒤, 가리고 써 보세요.

A-B-C

원형	과거	과거분사	뜻
am, is	was	been	상태·모습이다
are	were	been	상태·모습이다
do, does	did	done	(행동)한다
fly	flew	flown	날다
see	saw	seen	봐서 알다
begin	began	begun	시작하다
drink	drank	drunk	마시다
ring	rang	rung	울리다
shrink	shrank	shrunk	줄어들다
sing	sang	sung	노래하다
sink	sank	sunk	가라앉다
swim	swam	swum	수영하다

A-A-A 끝 철자가 t

원형	과거	과거분사	뜻
bet	bet	bet	걸다
broadcast	broadcast	broadcast	방송하다
burst	burst	burst	폭발하다
cost	cost	cost	비용이 들다
cut	cut	cut	자르다
fit	fit	fit	딱 맞다
hit	hit	hit	치다
hurt	hurt	hurt	다치게 하다
let	let	let	허락하다
put	put	put	놓다
quit	quit	quit	그만두다
set	set	set	놓다
shut	shut	shut	닫다

A-B-A+n

원형	과거	과거분사	뜻
bid	bade	bidden	입찰하다
blow	blew	blown	불다
draw	drew	drawn	끌다, 그리다
drive	drove	driven	운전하다
eat	ate	eaten	먹다
fall	fell	fallen	떨어지다
forbid	forbade	forbidden	금지하다
forgive	forgave	forgiven	용서하다
give	gave	given	주다
go	went	gone	가다
grow	grew	grown	자라다
know	knew	known	알다
ride	rode	ridden	(탈것을) 타다
rise	rose	risen	솟아오르다
sew	sewed	sewed/sewn	꿰매다
shake	shook	shaken	흔들다
show	showed	shown	보여 주다
take	took	taken	가져가다
throw	threw	thrown	던지다
write	wrote	written	글씨를 쓰다

A-B-B+n

원형	과거	과거분사	뜻
bear	bore	born/borne	낳다
beat	beat	beaten	치다
bite	bit	bitten	물다
break	broke	broken	부수다
choose	chose	chosen	고르다
forget	forgot	forgot(ten)	잊다
freeze	froze	frozen	얼리다
get	got	got/gotten	(없던 것이) 생기다
hide	hid	hidden	숨기다
lie	lay	lain	눕다
speak	spoke	spoken	말하다
steal	stole	stolen	훔치다
swear	swore	sworn	맹세하다
tear	tore	torn	찢다
wake	woke	woken	(잠을) 깨우다
wear	wore	worn	입다

<6시간에 끝내는 생활영어 회화천사: 5형식/준동사> 부록에서 발췌 p.182~185

무료강의

A-B-A	과거	과거분사	뜻
become	became	become	되다
come	came	come	오다
run	ran	run	달리다

A-B-B 자음, 모음 변화

bring	brought	brought	가져오다
buy	bought	bought	사다
catch	caught	caught	붙잡다
fight	fought	fought	싸우다
seek	sought	sought	찾다
teach	taught	taught	가르치다
think	thought	thought	생각하다
creep	crept	crept	기다
feel	felt	felt	느끼다
keep	kept	kept	유지하다
kneel	knelt/kneeled	knelt/kneeled	무릎 꿇다
sleep	slept	slept	자다
sweep	swept	swept	쓸다
weep	wept	wept	(흐느껴) 울다
leave	left	left	(남기고) 떠나다
lose	lost	lost	잃다, 지다
sell	sold	sold	팔다
tell	told	told	말하다

A-B-B 자음 변화

bend	bent	bent	구부리다
build	built	built	짓다
burn	burnt/burned	burnt/burned	태우다
deal	dealt/dealed	dealt/dealed	다루다
mean	meant	meant	의미하다
send	sent	sent	보내다
spend	spent	spent	소비하다

원형(현재)	과거	과거분사	뜻
have, has	had	had	가지다
hear	heard	heard	듣다
lay	laid	laid	눕히다
pay	paid	paid	지불하다
say	said	said	말하다
make	made	made	만들다

A-B-B 모음 변화

bind	bound	bound	묶다
find	found	found	찾다
dig	dug	dug	파다
hang	hung	hung	걸다
stick	stuck	stuck	붙다
sting	stung	stung	찌르다
strike	struck	struck	치다
swing	swung	swung	흔들리다
win	won	won	이기다
feed	fed	fed	먹이다
hold	held	held	붙잡고 있다
lead	led	led	이끌다
meet	met	met	만나다
read	read	read	읽다
shine	shone	shone	빛나다
shoot	shot	shot	쏘다
sit	sat	sat	앉다
slide	slid	slid	미끄러지다
spit	spit/spat	spit/spat	침 뱉다
stand	stood	stood	일어서다
understand	understood	understood	이해하다

힘든 시기를 잘 이겨낼 수 있게 도와주신 여호와께, 예수께 감사합니다.
내가 참으로 너희에게 이르노니 엘리야 시대에 하늘이 삼 년 육 개월간 닫히어 온 땅에 큰 흉년이 들었을 때에 이스라엘에 많은 과부가 있었으되 엘리야가 그 중 한 사람에게도 보내심을 받지 않고 오직 시돈 땅에 있는 사렙다의 한 과부에게 뿐이었으며 또 선지자 엘리사 때에 이스라엘에 많은 나병환자가 있었으되 그 중의 한 사람도 깨끗함을 얻지 못하고 오직 수리아 사람 나아만뿐이었느니라. (누가복음 4:25~27)

단어와 문장을 녹음해 주신 Daniel Neiman께 감사합니다.

영어와 디자인을 가르쳐 주신 선생님들(강수정, 권순택, 김경환, 김태형, 문영미, 박태현, 안광욱, 안지미)께 감사합니다.

책을 제작 해주신 재영P&B 윤상영 대표님, 보관과 배송에 힘써주시는 출마로직스 윤한식(01052409885) 대표님께 감사합니다.

책을 소개, 판매해주시는 교보문고(장은해, 장해윤, 최한길), 랭스토어(김선희), 리디북스, 북센(송희수), 북채널(김동규), 북파트(홍정일), 세원출판유통(강석도), 알라딘(김채희), 영풍문고(박지해, 임두근), 인터파크(이세은), 한성서적(문재강), YES24(김유리) 그리고 오프라인의 모든 MD분들께 감사합니다.

판매에 도움을 콜롬북스(01022947981 이홍열), 네이버 카페, 블로그, 사전, 블로거분들, 잡지사 관계자분들, 신문사 관계자분들께 감사합니다.

꾸준히 마이클리시 책을 구매해주시고, 응원해 주시는 독자분들께 진심으로 감사합니다.
즐겁게 영어 공부하실 수 있도록 최선을 다해 돕겠습니다.

단단 기초 영어공부 혼자하기

1판 1쇄 2020년 12월 14일
1판 6쇄 2024년 10월 22일

지은이 Mike Hwang

발행처 Miklish
전화 010-4718-1329
홈페이지 miklish.com
e-mail iminia@naver.com
ISBN 979-1-87158-28-8

영어 습관 만들기 이벤트!

bit.ly/4hk62hr

매일 아침 영어 카톡

문법 주제별(매월 변경) 영어명언+해석/해설을 매일 드립니다. 독해 실력 향상 및 영어 감을 유지할 수 있습니다. 또한, 영어에 대해 궁금한 점은 실시간 질문/답변이 가능합니다. 어서 들어오세요!

bit.ly/4866xku

원하는 도서 1권 증정

마이클리시 책으로 익히는 모습을 하루 1회씩 10회 이상 올리시면 원하시는 마이클리시 책을 드립니다. 단, 배송비 절약문고는 불가능하며, 1인당 1회만 가능합니다. 자세한 사항은 QR코드로 접속하세요.